U0018125

Mark Skousen◎著
朱道凱◎譯

下屆總統誰當選？
經濟學家說了算！

走出教室，
用經濟觀點解讀37個熱門議題，
活化你的經濟應用力

Econopower: How a New Generation of Economists is Transforming the World

企畫叢書 FP2223

下屆總統誰當選？經濟學家說了算！

走出教室，用經濟觀點解讀37個熱門議題，活化你的經濟應用力

作　　　者　Mark Skousen
譯　　　者　朱道凱
主　　　編　陳逸瑛
編　　　輯　林詠心

發　行　人　凃玉雲
出　　　版　臉譜出版
　　　　　　城邦文化事業股份有限公司
　　　　　　台北市中山區民生東路二段141號5樓
　　　　　　電話：886-2-25007696　傳真：886-2-25001952
發　　　行　英屬蓋曼群島商家庭傳媒股份有限公司城邦分公司
　　　　　　台北市中山區民生東路二段141號11樓
　　　　　　客服服務專線：886-2-25007718；25007719
　　　　　　24小時傳真專線：886-2-25001990；25001991
　　　　　　服務時間：週一至週五上午09:30-12:00；下午13:30-17:00
　　　　　　劃撥帳號：19863813　戶名：書虫股份有限公司
　　　　　　讀者服務信箱：service@readingclub.com.tw
香港發行所　城邦（香港）出版集團有限公司
　　　　　　香港灣仔駱克道193號東超商業中心1樓
　　　　　　電話：852-25086231或25086217　傳真：852-25789337
　　　　　　E-mail：citehk@hknet.com
馬新發行所　城邦（馬新）出版集團【Cite (M) Sdn. Bhd. (458372U)】
　　　　　　11, Jalan 30D/146, Desa Tasik, Sungai Besi,
　　　　　　57000 Kuala Lumpur, Malaysia
　　　　　　電話：603-90563833　傳真：603-90562833
一版一刷　2011年7月14日

城邦讀書花園
www.cite.com.tw

ISBN　978-986-120-926-5
版權所有‧翻印必究（Printed in Taiwan）

售價：320元
（本書如有缺頁、破損、倒裝，請寄回更換）

目次

推薦序　　7

致謝　　13

導言　探索的黃金時代　15

第一篇　個人財務收入、儲蓄、投資和退休

第1章　經濟學家發現儲蓄率提高三倍的無痛辦法　　33
　　　　900億美元的機會

第2章　現代投資組合理論　41
　　　　你能戰勝市場嗎？

第3章　是的，你可以打敗市場……還可以降低風險　48

第4章　高報酬投資法　58
　　　　耶魯捐贈基金的啟示

第5章　智利如何發動一場工人資本家革命　64

第6章　呼籲社會安全改革　69

第7章　每個月從社會安全領4,000美元？　73

第8章　私部門如何解決自己的年金危機　　77

第9章　幸福的四大源頭　　81
　　　　錢是其中之一嗎？

第二篇　經濟學家進入公司董事會

第10章　別相信傳統會計方法　　86
　　　　EVA是新的利器

第11章　米塞斯如何幫忙建立世界　　90
　　　　最大的非上市公司

第三篇　解決內政問題

第12章　瞧，女士，不塞車！　　98

第13章　病人力量　　108
　　　　消費者導向的新醫療計畫

第14章　教育回歸基本面　　118
　　　　讓競爭進入教室

第15章　越多槍枝，越少犯罪　　123

第16章　經濟學家感染拍賣熱　　128

第17章　如果你私自建它……人們會來　　141
　　　　體育館經濟學

第18章　誰是亨利・史匹曼？　　146
　　　　懸疑小說經濟學

第四篇　解決國際問題

第19章　生態—經濟之爭　152
生氣的地球或美麗的世界？

第20章　人口炸彈　158
經濟學家加入馬爾薩斯論戰

第21章　一個私部門消滅赤貧的辦法　162

第22章　貧與富：印度與香港之比　167

第23章　亞洲經濟奇蹟是真的嗎？　171

第24章　埃及人怎麼回事？　177

第25章　愛爾蘭經濟奇蹟　180
我們能成長得更快嗎？

第26章　邊際稅革命　184
拉弗曲線風靡全球

第27章　經濟不平等之辯　190
富者愈富，貧者愈……

第28章　一張圖說明一切　197
經濟自由指數的發展

第29章　宗教自由的好處　209
經濟學家進入聖地

第30章　願世界和平，善意在人間　213
支持宗教競爭的理由

第五篇　預測未來

第31章　新耶魯預測模型　218
歐文‧費雪魔咒解除了嗎？

第32章　預測選舉　223
經濟學家更準！

第33章　驅動經濟和股票的力量究竟是什麼　227
消費者支出或企業投資？

第34章　黃金　235
光華再現

第35章　大蕭條可能再發生嗎？　244

第36章　當今最有影響力的經濟學家？　249

第37章　二十一世紀經濟學　253

註釋　257

推薦序

距今不久之前，有一段時期大多數經濟學家看衰未來。但偉大的英國經濟學家阿弗瑞德·馬歇爾（Alfred Marshall）是例外。在二次世界大戰剛開始之際，他對下一代經濟學家抱持極樂觀的看法，預言他們將使世界變得更好。他寫信給朋友說，「我預期一九二〇到一九七〇年將成為一千年後歷史學家眼中最重要的時期。思及此景令我如癡如狂。」[1]

接著，在一九三〇年，大蕭條剛開始之際，著名的經濟學家約翰·梅納德·凱因斯（John Maynard Keynes）——阿弗瑞德·馬歇爾最顯赫的門生——寫了一篇短文斥責他的同行對經濟蕭條的看法過於負面。在這篇題為〈我們子孫的經濟前景〉（Economic Possibilities for our Grandchildren）的論文中，凱因斯撻伐他的朋友的悲觀論，說他們對未來的判斷「錯得離譜」。依凱因斯之見，大蕭條是「暫時失調」，「長期而言，是人類在解決自己的經濟問題。」（你還以為我會引述凱因斯的名言「長期而言，我們都死了」，是嗎？）他預期一個遠超過我們想像的「更大進步」，一百年內人類將在經濟上取得巨大進步，以致於真正的問題僅僅是：「如何運用他免於急迫經濟煩惱的自由，如何消磨科學和複利為他賺到的閒暇，如何活得聰明、快樂和健康。」[2]

事後證明馬歇爾和凱因斯的樂觀預言是正確的，在很大程度上歸功於後代經濟學家，他們以改良的政策和令人興奮的新實證研究，幫忙改變了世界運作方式。自二次大戰以來，世界經濟欣

欣向榮，企業家精神如洩洪般釋出新發明和科技進步的洪流，儘管過程中曾出現一些零星的衰退和危機，我們終究是避免了另一次大蕭條和世界大戰。

馬克‧史庫森（Mark Skousen）寫了一本精采的書《下屆總統誰當選？經濟學家說了算！》，說明經濟學家如何在戰後榮景中扮演重要角色，以及這些新一代的經濟推手如何改變世界。連我都對經濟學家目前所做之事感到驚奇：使增加儲蓄、避免負債和審慎投資變得更容易；透過民營銀行的微型貸款，讓幾百萬人脫貧；減少犯罪和改善公共教育；利用更有效率的拍賣方法，替政府省很多錢，幫公司股票上市；利用尖峰定價技術，減少交通堵塞；使公司更賺錢，同時酬勞員工和股東；幫助國家實現經濟奇蹟，並避免未來國際衝突。

我特別感到與有榮焉的是，我注意到馬克在書中提到的經濟學家很多是芝加哥大學的教授或學生，包括米爾頓‧傅利曼（Milton Friedman）這樣的經濟學泰斗，他比任何人都清楚地告訴我們，如何為穩定、非通膨的成長型經濟，創造適當的環境（藉由控制貨幣供應、減稅和限制政府擴張）；詹姆斯‧布坎南（James Buchanan），公共選擇學派之父，他將經濟學的重點從「市場失靈」轉移到「政府失靈」，並建議限制國家權力的方法；蓋瑞‧貝克爾（Gary Becker），將經濟學原則應用到社會學和其他學科的第一人；羅伯‧孟岱爾（Robert Mundell），供給面經濟學的創始人之一，極力鼓吹自由貿易、減稅和管制鬆綁的好處。

回想一九六〇、七〇年代，這些芝加哥學者被視為邊緣經濟學家，儘管他們認為自己才是阿弗瑞德‧馬歇爾在學術上的嫡系傳人。這一小撮人主張有限政府、健全貨幣、減少管制、投資於

股票指數基金和減稅。當年很多同行叫他們瘋子。現在他們卻被稱為諾貝爾獎得主。

我有幸在一九六○、七○年代忝為那個芝加哥團體一員，直接參與了供給面經濟學的誕生。當時美國徘徊在十字路口，面對是否延續重稅、物價上揚、成長緩慢的政策，或改變路線減少租稅和管制，以促進成長、降低通膨和提高儲蓄的抉擇。拉弗曲線（Laffer Curve，見第26章的討論）於此時誕生，說明大幅削減高邊際稅率可以刺激儲蓄、生產力和經濟成長，因此政府稅收不減反增。隨著經濟成長，福利支出和所得津貼計畫也會相應減少。確實，最好的福利形式永遠是一份待遇高的好工作。簡言之，減稅的代價不但比任何人目前所想的少，而且時常是幫助窮人最好的辦法。減稅可以治癒各式各樣的社會弊病！

因此供給面革命促了柴契爾—雷根革命，以及經濟學的新典範。雷根時代的減稅措施不但刺激了卓越的經濟成長，也增進大量儲蓄。只要看看供給面經濟學帶來的經濟狀況就知道了。我從來沒見過一個主要經濟體可以跟目前美國經濟的規模相提並論。我甚至從來沒讀過哪個經濟體，不論古今、不論遠近、不論大小，可以媲美今天的美國。這個國家雖不完美，但它是這個古老地球曾經創造過的最接近完美的經濟體。

美國是當今之世唯一已開發經濟體同時又是成長型經濟體。（編按：這是個人觀點，並非定論。）我相信這是過去二十五年實施的絕妙政策造成的。這段時期，財政政策顯著改進——降低邊際稅率已達到刺激就業和投資的效果。貨幣政策大幅改進，以致我們現在享有穩定的低通膨率，轉化成更低的貸款利率。貿易變得更自由，替美國及其貿易伙伴創造更多財富。最後，經濟限制減少，工會勢力消退，允許市場更自由地運作。

如果你想知道這些變革的結果，看看股市的表現吧。從一九九六年一月到一九八二年七月，標準普爾500（Standard & Poor's 500，簡稱S&P 500，*編按：這是記錄美國五百家上市公司的股票指數，具有採樣面廣、代表性強、精確度高、連續性好等特點*）的年均複合實質報酬率是−6.1%。認真想想這個數字。由於拙劣的經濟政策，股市僅在名義上勉強增值了一點點，但因為物價大幅上升，實際報酬是負的。但是，自雷根政府施行支持成長的政策，從一九八二年七月至今，標準普爾500的年均複合實質報酬率達到8.1%。簡言之，供給面經濟學已大大改善美國的經濟命運，而且這股旋風正橫掃全球。

此外，由於芝加哥學派及其他地方的開創性研究，新一代經濟學家進入一個探索的黃金時代，在法律及犯罪學、行為金融學及股市，甚至宗教、幸福和運動經濟學等各種領域，不斷發現新世界。經濟學家甚至改善了他們的預測能力！我很高興看到馬克·史庫森引述來自政治光譜各處的經濟學家的成就。我們應該支持優秀的經濟學，不論是凱因斯學派或奧地利學派提出的，同樣的，我們也應該批判拙劣的經濟觀點，不論來自共和黨或民主黨。

至今仍有一些經濟唱衰論者預測前景黯淡，但我不是其中之一。誠然，我們仍會犯錯，例如在加州，累進稅和過度管制正在扼殺這個曾經偉大的州。（特此聲明此事與我無關：我決定把我的家人和事業從加州遷到不課所得稅的田納西州。）但在二十一世紀初，我們已比過去進步多了。如果美國能夠改採支持成長的政策，譬如單一低稅率、社會安全制度民營化、學校選擇權、更多國際貿易、更少軍事干預，凱因斯憧憬的未來會變得更加光明。很多問題仍待解決，很多領域仍待探索，但巨大的市場力量

正在發揮作用，而此作用將難以逆轉。

在此我要恭賀馬克‧史庫森繪製了一張藍圖，讓一支經濟專家組成的先頭部隊得以將他們的福音傳播到越來越廣的範圍。誠如馬克所言，經濟學不再是憂鬱科學，而是一門樂觀、通用的科學，滿足不斷擴大的需求，我很高興自己是這門學科的一員。

亞瑟‧拉弗（Arthur B. Laffer）

拉弗顧問公司（Laffer Associates）創辦人與董事長

致謝

　　《下屆總統誰當選？經濟學家說了算！》描述新一代經濟學家如何以充滿創意的方式，應用他們的理論去解決世界上許多問題。這是令應用經濟學家興奮的、大展拳腳的時代。為了替這本書蒐集資料，我訪問和請教了其中多位。我希望特此向下面幾位表達謝忱：

- 荷西・皮涅拉（Jose Pinera），出身哈佛大學的經濟學家，曾任智利勞工部長，現為國際年金改革中心（International Center for Pension Reform）總裁。
- 約翰・麥基（John Mackey），健康食品超市（Whole Foods Markets）執行長，一種新的叫做「自覺資本主義」（conscious capitalism）的企業品牌創始人。
- 穆罕默德・尤努斯（Muhammad Yunus），鄉村銀行（Grameen Bank）總裁，2006年諾貝爾和平獎得主。
- 蓋瑞・貝克爾（Gary Becker），芝加哥大學經濟學教授。
- 保羅・密格羅姆（Paul Milgrom），史丹福大學經濟學教授。
- 保羅・克倫佩洛（Paul Klemperer），牛津大學紐菲爾德學院經濟學教授。
- 羅伯・蒲爾二世（Robert W. Poole, Jr.），理性基金會（Reason Foundation）交通研究部主任。
- 大衛・史文森（David Swensen），耶魯大學捐贈基金投資

長。

- 傑若米‧席格爾（Jeremy Siegel），賓州大學華頓商學院經濟學教授。
- 李察‧泰勒（Richard Thaler），芝加哥大學經濟學教授。
- 碧姬‧瑪德麗安（Brigitte Madrian），哈佛大學公共政策教授。
- 羅伯‧席勒（Robert Shiller），耶魯大學經濟學教授。
- 查爾斯‧柯克（Charles Koch），柯氏工業集團（Koch Industries）總裁。

在此我也要一併感謝 Kenna C. Taylor（羅琳學院）；Steve Moore（華爾街日報）；David Colander（明德學院）；Larry Wimmer（楊百翰大學）；Burton Malkiel（普林斯頓大學）；William G. Shipman（議會街環球顧問公司）；John O. Whitney（哥倫比亞大學商學院）；William Easterly（紐約大學）；James Gwartney（佛羅里達州立大學）；Larry Iannoccone（喬治梅森大學）；Art Laffer（拉弗顧問公司）；及 Greg Mankiw（哈佛大學）等人。我也從美國經濟學會二〇〇八年一月在紐奧良舉行的會議中發表的一系列論文和演講獲益良多。這個會議叫做「用經濟學改善生活」（Better Living through Economics），是 Charles Plott 教授（加州理工學院）為了編輯一本同名的書而主辦的。

最後，我要謝謝我的妻子瓊安，她幫忙校訂和調整這本書，使之適合出版。她是集批評、詼諧和鼓勵於一身的完美組合。

萬世昌盛，奧地利學派永垂不朽

馬克‧史庫森寫於紐約

二〇〇八年一月

導言

探索的黃金時代

經濟學正經歷……一個探索的黃金時代。這不是誇大其辭。
實證經濟學家正在勘察經濟和社會，已發現大量詳細的應用
結果，足以和其他科學的其他重大發現時期相提並論。

—— 黛安·科伊爾（Diane Coyle）
《熱情科學》（*The Soulful Science*）[1]

二○○六年諾貝爾和平獎史上頭一遭頒給一位經濟學家。自
一九六○年代以來，諾貝爾委員會頒過數十個經濟學獎，
但只有一個諾貝爾和平獎桂冠是落在經濟學家頭上。此事是個分
水嶺，象徵這門專業跨行越界的新本領。得獎人穆罕默德·尤努
斯（Muhammad Yunus）曾任孟加拉吉大港大學（Chittagong
University）經濟系主任，因創辦一家民營商業銀行（鄉村銀行
〔Grameen Bank〕），幫助兩百多萬孟加拉人脫離貧困而獲獎。經
由商業和微型貸款（microcredit）去締造和平，是消滅赤貧，解
決世上最頑強的困難之一的新方法，而諾貝爾委員會此舉是承認
商業與和平之間的連結關係。（關於尤努斯的非凡事蹟及他對減
少世界赤貧的貢獻，參閱第21章。）

　　一九三○年，大蕭條開始之際，英國經濟學家約翰·梅納
德·凱因斯（John Maynard Keynes）寫下他那篇樂觀的論文〈我

們子孫的經濟前景〉，期許經濟學者從象牙塔降下凡塵，變成「和牙醫同樣水準」的有用、能幹之人。許多經濟學者確實變成有用的實務工作者，但凱因斯並未料到經濟學會擴展到如此遙遠和影響廣大的新疆域。例如，他一定想不到後世的經濟學家會告訴投資者，分散投資到各式各樣的股票指數基金可以降低風險和極大化報酬；告訴政府官員，改變拍賣公債的方式可以節省幾百萬元；告訴宗教界，眾多對立宗教信仰之間的自由競爭可以遏止宗教狂熱和衝突；告訴立法者，批准隱藏性武器執照可以減少犯罪，拍賣污染許可可以清潔環境；或告訴犯罪懸疑小說作家，用初級經濟原理可以破案！

從憂鬱科學……

歡迎來到經濟帝國主義的新世界。二十世紀流行稱經濟學為「憂鬱科學」（dismal science），這個嘲弄的綽號是一八五○年代英國評論家湯瑪斯‧卡萊爾（Thomas Carlyle）取的。卡萊爾猛烈抨擊古典經濟學家，因為他們預言貧窮、危機和餬口工資鐵律。即使過了一個世紀，到了一九七○年代，當全球經濟飽受通貨膨脹和失業率雙雙升高的併發症之苦，經濟學家仍然為了預測利率、通膨或下一次衰退屢屢不準而備受批判。一九七四年費德利克‧海耶克（Friedrich Hayek）在接受諾貝爾經濟學獎的演說中反映大多數經濟學家的鬱卒心情，他坦承：「此時此刻我們實在沒有多少值得驕傲的理由，我們搞砸了這門專業。」[2]
一九九○年代初，經濟學家度過一段自怨自艾、不打自招的時期。例如，在一九九一到一九九二年的經濟衰退期，哈佛教授羅伯‧巴洛（Robert J. Barro）對經濟形勢有此一說：「為什麼經

濟比預期疲弱？明年經濟走勢如何？政府能做什麼來改善經濟？大體而言，這些問題的正確答案是：『我不知道』、『我不知道』和『不能做什麼』。」[3] 白宮經濟顧問委員會前主席赫伯·史坦（Herbert Stein）不甘示弱，承認「我越來越佩服我自己的無知……我不知道增加預算赤字會增加或減少國民所得。我不知道支配消費水準的究竟是 M2 或 M1。我不知道提高個人所得稅最高稅率 10% 會增加多少稅收……。我不知道怎樣挑選會賺錢的股票。」[4] 一年後，普林斯頓大學教授保羅·克魯曼（Paul Krugman）贏得夢寐以求的克拉克獎章（John Bates Clark Medal）（每兩年一次，頒給四十歲以下最聰明的經濟學家），他在獲獎時宣稱，經濟學家「不知道怎樣使窮國變富，或當經濟成長的魔法似乎消失時，怎樣把它找回來。……沒有人真正知道為什麼美國經濟體在一九七三年以前可以產生每年 3% 的生產力增長率，之後只能產生 1%；沒有人真正知道為什麼二次大戰後日本可以從戰敗國躍升為全球經濟強權，英國卻漸漸滑落到三流地位。」[5] 而這段話出自《經濟學人》（*The Economist*）譽為「他那一代最負盛名」的經濟學家之口。

……到新帝國科學

幸虧這個行業唱衰自己的風氣在過去十年已經逆轉。隨著二十一世紀到來，比較樂觀進取的態度取而代之。經濟學花了很長時間，終於走出憂鬱，開始重塑自己並擴張到新的領域，而且速度之快，需要用另一個詞彙來形容這個新的探索黃金時代。亞當·史密斯（Adam Smith）的科學，像一支攻城略地的大軍，攻占了整個社會科學領地——法律、金融、政治、歷史、社會

學、環境保護、宗教，甚至體育。因此，二十一世紀的經濟學也許可以貼切地稱作「帝國科學」（imperial science）。

　　是誰啟動了這個趨勢？有些歷史學家認為是肯尼斯・博爾丁（Kenneth E. Boulding），他長期任教於科羅拉多大學波德分校，一九九三年逝世，被譽為科際整合之父。博爾丁發表過上千篇文章，談的題材兼容並蓄，涉及不下二十個領域，從資本理論到貴格教義（Quakerism）。但博爾丁憧憬的不同學科互相依賴的前景，和實際發生的情形不盡相同，反而是經濟學開始統治其他專業。依我之見，這個新帝國主義應大部分歸功於蓋瑞・貝克爾（Gary Becker），一位同時在社會學系、商學系和經濟學系擔任教職而游刃有餘的芝加哥大學經濟學家。貝克爾榮獲一九九二年諾貝爾獎，是最早涉足傳統上視為社會學範疇的經濟學者之一，其研究議題包括種族歧視、犯罪、家庭結構和吸毒。他是本書一再提及的學者。

　　這篇導言讓你對於經濟學家做了什麼以解決現實世界的無數問題、提升世界各地的生活水準略知一二。你會很高興看到，經濟學家在這個新時代的貢獻比較不分黨派。真正議題的解決方案來自政治光譜的左右兩端，來自新古典主義派、芝加哥學派市場經濟學家、凱因斯學派等等。本書重點討論的金融經濟學家之一傑若米・席格爾（Jeremy Siegel），將他的暢銷書《長期股票投資》（*Stocks for the Long Run*）同時獻給米爾頓・傅利曼（Milton Friedman）和保羅・薩繆爾森（Paul Samuelson）兩人，兩位經濟學家分別代表政治光譜的兩極，即反映這種無門戶之見的精神。席格爾此舉象徵目前經濟學家良性合作的進步作風。

　　在下一節，我將概述經濟學家用來改變我們生活方式的基本工具。這些分析工具可以用來解釋日常商業活動現象，例如明明

一樣的菜，為什麼餐館收費晚餐比午餐貴；但那不是本書的目的。坊間已有很多著作，如史蒂芬・李維特（Steven Levitt）的《蘋果橘子經濟學》（*Freakonomics*），解釋尋常和不尋常的經濟現象。但本書不同；它特地寫來介紹經濟學家如何解決現實問題，如交通、經濟成長、環境、犯罪、醫療照護、退休計畫、恐怖主義，甚至如何獲得幸福，包括個人和國家整體的解決方案。在很多例子，這些經濟學家除了撰述抽象的學術論文和書籍，還下海經商，為企業提供諮詢服務，擔任政府公職，將他們的理論應用到真實世界。

　　並非所有經濟學家都熱衷於提供實用的建議。事實上，我猜只有少數經濟學家對應用經濟學感興趣。大多數學者，尤其在一流大學的研究所及博士班，仍投注大部分精力於非常抽象的數學模型，抽離真實世界問題。經濟學家稱這種抽象思考為「李嘉圖惡習」（Ricardian vice），以十九世紀經濟學家大衛・李嘉圖（David Ricardo）命名，因為他建構虛構和過於簡化的模型，未經事實證據的檢驗。依我之見，這種思維將經濟學導入歧途。法國經濟學家賽伊（J. B. Say）稱李嘉圖及其他抽象思考者為「空想家，其理論充其量只能滿足創作欲望（而且）完全不能實際應用。」[6]阿霍・克拉瑪（Arjo Klamer）和大衛・柯蘭德（David Colander）於調查六所長春藤盟校研究所課程後斷言：「經濟研究越來越脫離真實世界。」[7]所幸，你將在本書看到，這種與現實脫節的現象正逐漸消失。許多經濟和商學科系開始成立問題解決研究中心，如芝加哥大學商學院新成立的應用經濟學研習所。經濟學家變得比以往任何時候更實證取向。

經濟學七大利器

　　我在過去幾十年撰述經濟學的過程中，常對經濟分析可以影響金融、商業、法律、宗教、政治、歷史及其他社會科學的強大和多元方式大為驚訝。經濟學可以改變人民和國家的命運，至於變好或變壞，端看他們多嚴格遵守或違背基本原則。經濟政策能夠改變歷史進程。

　　這些基本原則是什麼？以下七個基本原則，應用在範圍廣泛的各種問題上，可以扭轉乾坤，改變世界。

1. 課責（Accountability）：經濟學是一門關於責任歸屬的學問。在市場經濟體制中，凡是享受他人勞動成果的人都應該付費。使用者付費的概念鼓勵紀律、勤勉、節儉等美德。如果他人付費，使用者不會關心成本。如果消費者不必為他們使用的產品付錢，會導致高成本、浪費和舞弊。因此，所有權是課責的必要條件，沒有人花別人的錢會像花自己的錢那麼錙銖必較。屬於你的東西，你通常小心呵護；屬於別人的東西，或無主的東西，很容易淪為破損失修或使用過度。威廉‧葛蘭姆‧桑默奈（William Graham Sumner）說：「傻瓜在自己家裡比智者在別人家裡聰明。」這個原則適用於家庭，適用於工作場所，也適用於政府辦公廳。

2. 節約與成本效益分析（Economizing and cost-benefit analysis）：在資源不足和選擇的世界，人必須有效利用資源。最成功的家戶、企業和政府投資於更好的未來，量入為出，避免過度舉債。節儉是美德，競爭和利潤動機是人

類發明出維持低成本和避免虧損的最佳辦法。衡量成本效益有助於判斷最好、最有效率的資源使用方式。

3. **儲蓄與投資**（Saving and investment）：總的來說，儲蓄與投資是經營企業和在人生獲致長期成功的關鍵要素。如某企業貼在門外的告示所言：「如果你明天還想營業的話，你就不能用昨天的機器做今天的工作。」事不宜遲，我們必須立刻勸阻過度負債、透支和浪費的消費社會心態，並鼓勵節儉和投資資源的有效利用。

4. **誘因**（Incentives）：誘因至關緊要。需求曲線下滑定律顯示，當你鼓勵某事物，該事物會增加；當你阻攔某事物，該事物會減少。利潤動機促使廠商生產更好且更便宜的產品，從而促進經濟成長。自由競爭的價格機制也是解決經濟危機的最佳辦法。短缺問題更快排除，因為只要價格升高，消費自然會減少，而且會鼓勵新的供應商增加供給，無須政府插手干預。租稅也能對誘因造成顯著衝擊，如柯立芝總統（Calvin Coolidge）所言：「你不可能靠課徵成功稅來促進繁榮。」

5. **競爭與選擇**（Competition and choice）：經濟自由帶來選擇和機會──自由遷徙、獲得更好的教育、在新的行業競爭、找新的工作、雇用和解雇、買和賣。實現繁榮的最佳途徑是生產人們想要的東西。用拉丁成語 do ut des 來說，意即「我給你是要你回報。」最快賺更多錢的辦法是生產更多顧客想要的東西，對工人或對企業主皆如此。

反之，壟斷導致更高的價格和更少的服務。競爭促成更公平的環境──促使價格降低，甚至「不二價」，也就是人人買同樣的產品付同樣的低價，不論你的財務狀況或社

會地位如何（所謂童叟無欺原則）。終結貧窮的秘訣是機會均等，不是國家強制規定的財富或所得均等。自由人在財富或所得上不平等，平等的人不自由。英國首相邱吉爾（Winston Churchill）說得好：「資本主義的天生缺陷是幸福分配不均；社會主義的固有美德是平均分配不幸。」

6. **創業精神與創新**（Entrepreneurship and innovation）：個人和國家的成功常依賴不遵循傳統觀念，另闢蹊徑的創業技能和策略。科技進步源自何處？熊彼得（Joseph Schumpeter）睿智地表示：「在資本主義社會，經濟進步意味動亂。」也就是市場的「創造性破壞」——而發揮這個必要功能的人正是追求額外利潤的創業家。社會必須擁抱改變，有時是隨著創新和創業精神而來的劇烈變化。

7. **福利**（Welfare）：福利原則表示，你應該盡力幫助那些需要幫助的人。這是所有好宗教和好經濟學家都遵守的道德原則。諾貝爾獎得主尤努斯藉由他的鄉村銀行貸款，將這個原則付諸實踐。但貸款不是施捨。我們不可忘記福利原則的另一面：政府官員有義務不幫助那些不需要幫助的人。幫助有自立能力的人，等於破壞他們的主動性。這個原則適用於家戶、教會和政府計畫。如果政府制定一個人人享有的福利計畫，不論個人財務狀況，則會鼓勵怠惰行為在社群中蔓延，讓昂貴和無效率的運作氾濫成災。設想，如果教區裡每一個人，貧富不拘，都有資格領取教會發放的救濟，會是什麼情況。當政府福利計畫致力於幫助真正貧困的人，會展現出一個有愛心的社會，但如果政府免費提供福利給每一個人或只收很低的費用，則會打消自律，使情況惡化。

課責、節約、競爭、誘因、投資、機會和福利等原則適用於所有人和所有國家。如經濟教育基金會（Foundation of Economic Education，簡稱FEE）創辦人李奧納多・瑞德（Leonard E. Read）所言：「讓人人為所欲為，只要他們做的事是和平的。」無論哪個國家，政府的角色都是維持和平和維護每一個人的生命權、自由權和財產權。好的政府執行合約，防止不公，提供穩定的貨幣和財政系統，並促進與鄰國的良好關係。班傑明・富蘭克林（Benjamin Franklin）正確地觀察到，「從來沒有一個國家是被商業搞垮的。」此外，健全的經濟不可能建立在不健全的貨幣基礎上。凱因斯說得好：「要推翻現有的社會基礎，沒有比敗壞其貨幣更難察覺、更牢靠的辦法。」健全的政策也需要政府官員考慮法制對全體國民的長期經濟影響，而不是只看短期。費德列克・巴斯夏（Frederic Bastiat）表示：「享有最高度和平、幸福和繁榮的國家，是法律最少干涉私人事務的國家。」偉大的中國哲學家老子有句至理名言：「治大國如烹小鮮」，太常翻攪會把魚煎爛。在接下來幾章，我會再三說明這七大原則的優點。它們構成經濟思考的力量。未來屬於健全的經濟學。

經濟學家使用的強效方法

經濟學家已發展強大的調查工具，從而獲致許多新發現。他們的工具箱包括實證研究、資料採集、模擬、實驗、制度誘因，以及用來測試理論是否正確的統計方法。經驗主義和計量經濟研究是比較新的現象，且已逐漸改變這個行業，尤其自廉價電腦普及，運算複雜的數學模型變得更容易以來，影響更為顯著。至於什麼工具最能夠獲得新的知識和制定更好的政策，這一行始終莫

衷一是，爭論不休。經濟學家究竟應該鑽研純粹演繹推理和高深理論的抽象方法，或應該從事假設測試和資料採集的具體工作？依我之見，最重要的貢獻來自後者。

新的行為經濟學領域也創造了有用的工具，大部分借自心理學原理，去實現個人和社會目標。這是經濟學向其他社會科學取經，而不是其他社會科學藉助經濟學的少數例子之一。我們將在第一篇看到，取經結果成就輝煌。

由於致力於解決許多現實世界問題，應用經濟學家聲譽日隆，受到前所未見的肯定。讓我們看一些經濟學在歷史上的豐功偉蹟。

投資人能戰勝市場嗎？

應用經濟學最早的突破之一出現在金融理論。芝加哥大學經濟系研究生哈里‧馬科維茨（Harry Markowitz）寫了一篇關於投資組合理論的文章，發表於一九五二年三月號的《金融期刊》（*The Journal of Finance*）。這篇文章是將股票和投資組合選擇的經濟風險概念予以量化的第一次嘗試。從這項研究產生了現代投資組合理論，它提出了三個原則：（1）投資人除非承擔更高風險，否則不可能獲得高於平均水準的利潤；（2）分散投資可以增加報酬和降低風險；（3）市場相對有效率，這表示，股價的短期變動實際上不可預測，長期而言要超越市場的平均獲利縱使不是不可能，也極度困難。這個觀點被稱為效率市場理論（Efficient Market Theory），在當時是個革命性的概念，但現在已是學界公認的原理，雖然我們將在本書第一篇看到，行為經濟學家正在設法修正最初的結論，已發現幾個戰勝市場的方法——至

少截至目前為止。

華爾街的理財專家對這些象牙塔觀念嗤之以鼻，但自從馬科維茨發表第一篇論文以來，金融經濟學家已做過無數研究，證實現代投資組合理論。源自效率市場理論的股市指數基金，是經濟學家最愛的獲利途徑，也是目前華爾街銷路最大的共同基金類別。

公共選擇理論：新和改良的政府

一九六二年，兩位維吉尼亞大學教授詹姆斯‧布坎南（James Buchanan）和戈登‧圖洛克（Gordon Tullock）合著的《眾論》（*The Calculus of Consent*）一書問世，從此永遠改變了政治學者對於公共財政和民主的看法。如今公共選擇理論已納入每一個經濟科系的課程。

布坎南及其他公共選擇理論家認為，政治人物和商人一樣，都受到私利驅使。他們試圖極大化個人影響力，制定政策是為了讓自己當選連任。不幸的是，市場有誘因和紀律，政府卻通常付之厥如。選民缺少誘因去約束立法者不知節制的行為，使得立法者更容易受到強大利益團體影響。結果是，政府一方面補貼商業既得利益者，另方面卻施加昂貴、浪費的法規和租稅於老百姓。

公共選擇學派將爭議從「市場失靈」改成「政府失靈」。布坎南等人已建議一系列憲法層次的規定，包括保護少數權益、還權地方政府、限定任期，以及加稅必須獲得超級多數（supermajority）同意，使誤入歧途的公部門表現得更負責任。

經濟學進入法庭

　　一九七二年，一位在芝加哥大學法學院教書，並任職美國聯邦第七巡迴區上訴法院（一九九三到二〇〇〇年主審法官）的經濟學家李察・波斯納（Richard A. Posner），寫了一本書叫做《法律的經濟分析》（*Economic Analysis of Law*），綜合羅納・寇斯（Ronald Coase）、貝克爾、海耶克等芝大經濟學大師的學說。如今許多大學都成立了「法律與經濟」中心。波斯納法官表示，「每一個法律領域，每一所法律機構，律師、法官和立法者的每一種實務或慣例，無論現在或過去──甚至遠古──都可以從經濟分析的角度來研磨。」[8]

　　經濟學家將成本效益和福利分析的原理，應用在各式各樣的法律議題──反托拉斯、勞動問題、歧視問題、環境問題、商業法規、獎懲制度等等。我在第 15 章討論幾位經濟學家在這方面的研究，包括犯罪與刑罰的關係、死刑的效用，以及隱藏式武器合法化和擁有槍枝是否嚇阻犯罪。經濟學家常被傳喚出庭作證，賺一筆豐厚的外快。

　　芝大的貝克爾是將價格理論應用於當代社會問題的先驅，研究範圍包括教育、婚姻和離婚、種族歧視、慈善事業，及吸毒問題。難怪他給他的通俗經濟讀物取名為《生活經濟學》（*The economics of Life*）。但貝克爾提醒讀者，「大多數經濟學家對這本書評價不高。」，而且批評者對他的抨擊「有時十分惡毒。」[9]數十年後的今天，貝克爾的作品讓世界各地設法解決社會問題的人群起效尤。

《下屆總統誰當選？經濟學家說了算！》綱要

　　經濟學家已在其他學科，如會計、歷史、宗教、管理、公共基礎建設、社會學，甚至拍賣設計，做出重大改進。本書列舉幾十個例子，說明這些經濟學工具如何被用來解決個人、社區和國家的問題。

　　第一篇討論個人財務，對讀者個人來說，很可能是最有用的資訊。我一開始先強調行為經濟學家（李察・泰勒〔Richard Thaler〕、羅伯・席勒〔Robert Shiller〕、傑若米・席格爾、大衛・史文森〔David Swensen〕、碧姬・瑪德麗安〔Brigitte Madrian〕）對於改善個人財務的突破性貢獻——增加儲蓄、減少負債和獲得更好的投資報酬。我也談智利國民年金制度民營化的始末，以及美國和其他國家是否應該徹底改革它們的社會安全計畫。本篇還包括一章討論「幸福」經濟學，一個令人著迷的新經濟研究領域。

　　第二篇敘述經濟學家對企業管理及會計行業的影響，尤其是「經濟附加價值」（Economic value added，簡稱 EVA）的引進，那是經濟學家用來衡量投資價值和公司績效的新工具。我也講述全球最大非上市公司柯氏工業集團（Koch Industries）的故事，以及查爾斯・柯克（Charles Koch）和其他自由意志派（libertarian）CEO 的創造才華如何受到「奧地利」經濟學家如路德維希・馮・米塞斯（Ludwig von Mises）、海耶克及熊彼得的深刻影響。

　　第三篇揭露經濟學家在解決內政問題上，如道路壅塞、醫療照護、公共教育、犯罪及其他公眾關切的議題，令人興奮的發現。我也揭露經濟學家幫 Google、eBay 及政府機構設計拍賣，使買賣雙方共同受益的傑出方式。此外我還談了一個比較輕鬆的

話題，介紹經濟學家如何在三本懸疑小說中幫忙破案。

第三篇少了一章談掃毒戰爭。我本來打算寫這個爭議性的話題，它已吸引經濟學家的注意達幾十年，特別是傅利曼、貝克爾、李維特等芝加哥學派成員。大多數研究這個議題的經濟學家都倒向毒品除罪化的一邊。無可否認，毒品政策已比過去進步了一些，包括醫療用大麻在美國某些州已合法化，青少年因使用違禁藥品而被捕的次數已減少，毒品罪的強制刑期已有較大彈性。但經濟學家顯然和這些改變關係不大。我請教傑佛瑞・米倫（Jeffrey A. Miron），他是哈佛大學經濟學教授，專門研究毒品議題，著有《掃毒戰爭罪》（*Drug War Crimes*），經濟學家是否對掃毒戰爭造成任何影響。他回答：「到目前為止還沒有。」也許《下屆總統誰當選？經濟學家說了算！》日後再版時會包括一章談毒品政策。

第四篇檢視經濟學家在國際議題上的成就，包括極度貧窮、不平等、污染、全球暖化、人口成長、全球化、軍事衝突和宗教戰爭。本篇也告訴你目前在歐洲及其他地方蔓延的單一稅（flat tax）革命的最新消息。在新的研究領域中，最令人好奇的是不同智庫發展和微調的經濟自由指數（economic freedom indexes），以及這些指數與經濟成長、司法制度、貿易和租稅政策有何關係，又與促進政治動盪地區和平的努力有何關係。最後，我討論較新的宗教經濟學領域，介紹關於宗教與競爭的一些出乎意料的研究結果。

第五篇側重預測未來的新方法。經濟學家以預測不準聞名，但最近行為經濟學家如華頓商學院的傑若米・席格爾和耶魯大學的羅伯・席勒對股市和房市的精確預測，顯示情況正在改變。本篇還包括幾章談黃金地位的日益重要，是全球局勢不穩和通貨膨

脹的單一指標，談另一次大蕭條是否可能，談消費者支出是否真的是一個可靠的領先指標（我自己的貢獻）。最後一章展望未來，探討哪種新的充滿活力的經濟思想將主宰新的千禧年。如果本書各章具有任何指標作用的話，則經濟學和經濟學家看來前途光明。

讀者將發現，我在本書中並未花太多筆墨談經濟學家曾經對公共政策造成衝擊的傳統領域，如國際貿易協定、物價指數、貨幣和財政政策、反托拉斯等。相反的，我試圖將重點放在嶄新和出乎意料的領域，經濟學家已對此發揮了影響力。

第一篇

個人財務

收入、儲蓄、投資和退休

　　新的行為經濟學家已在個人財務方面獲致令人興奮的進展，發現如何提升人們賺錢、儲蓄、投資、退休、預算和擺脫債務的能力。我在這個重要的篇章先從一個簡單但影響力強大的計畫談起，它有潛力將勞動人口儲蓄率提高三倍。多虧行為經濟學領域的領導者，芝加哥經濟學家李察・泰勒的巧思，這個計畫已成功立法（二〇〇六年退休金保護法）。

　　本篇也探討一些激進的改良社會安全制度及其他福利計畫的新建議。這些龐大的社會計畫為退休族和窮人提供安全網，但它們有嚴重缺點。對大部分美國人來說，社會安全制度不能滿足退休生活所需。它是蹩腳的、毫無彈性的儲蓄計畫，也是低收入勞動者和少數族群難以承受的重稅。很多經濟學家形容公共退休計畫先天不良，效果適得其反，贊成用某種形式的個人投資帳戶取而代之，類似美國聯邦政府提供其員工（節約儲蓄帳戶）或智利人民目前享有的個人儲蓄帳戶。在這一篇，我講述智利勞動經濟

學家荷西‧皮涅拉（Jose Pinera）的故事，他在自己國家造成巨大改變，也影響了其餘世界。

　　無獨有偶，大公司也曾面臨和社會安全制度目前面對的同樣問題——已承諾付出，卻無資金準備的負債（unfunded liability）問題。好在企業界大部分已解決了問題，將他們的退休金計畫從確定給付制（defined-benefit plans）改成確定提撥制（defined-contribution plans），如401(k)或個人退休帳戶（IRA）。

第1章
經濟學家發現儲蓄率 提高三倍的無痛辦法
900億美元的機會

我帶來好消息。用粗淺的心理學原理，加上一點點關於人性的普通常識，幫助美國人儲蓄其實很容易。

—— 李察·泰勒
芝加哥大學[1]

這是近五年來對人類福祉最重要的貢獻。

—— 羅伯·席勒
耶魯大學

一九九九年兩位英國經濟學家韋恩·戈德利（Wynne Godley）和比爾·馬丁（Bill Martin）發表一項研究，警示美國正邁向嚴重麻煩。他們指出三個無法支撐的失衡現象：股市價值高估、民間儲蓄銳減、債務增速驚人。[2]

二〇〇〇到二〇〇一年，美國景氣突然由盛轉衰，國土遭伊斯蘭極端份子攻擊，興旺的股市開始一路下滑，績優股下跌30%，科技股重挫超過70%。聯準會出手救市，大砍利率，擴大貨幣供給，經濟和市場隨即復甦。

但嚴重的問題依然存在。大多數經濟學家和政治領袖都知道，寬鬆貨幣不能解決像儲蓄危機這樣存在已久的問題。儲蓄、投資和資本形成（capital formation）是經濟成長的主要元素。世界銀行最近的研究顯示，成長率最高的國家（近期都在亞洲）是那些鼓勵儲蓄和投資的國家：亦即，投資於新的生產流程、教育、科技和節省人力的設備。這些投資繼而產生更價廉物美的消費產品。[3]哈佛教授葛瑞格‧曼昆（Greg Mankiw）斷言：「更高的儲蓄導致更快的成長。」[4]

美國活在借來的時間裡

這就是為什麼美國面臨一個潛在危機。美國民間儲蓄淨額已達到告急的低水位。既然儲蓄和經濟表現之間存在正比關係，我們怎麼解釋美國民間儲蓄淨額的逐步下滑？最新資料顯示，大部分工業國家的民間儲蓄淨額——可支配所得與支出之間的差額——占國內生產毛額（Gross Domestic Product，簡稱GDP）比率已跌到歷史新低點。（見圖1.1）

美國及其他國家的民間儲蓄逐漸下降，主要原因是什麼？很多經濟學家指出，民間儲蓄數字不含美國人擁有的房地產和股票的增值，因此儲蓄危機被更高的房價和股價推遲了。但以最近房貸市場崩垮，股市也搖搖欲墜來看，金融危機的爆發也許為時不遠了。

其他經濟學家則認為，社會安全稅和所得稅遏阻儲蓄。聯邦保險稅捐法（FICA）的稅額榨走了所有美國人的薪資所得總額15%以上，政府強制的福利制度使大多數美國人入不敷出。社會安全稅尤其危害窮人，剝奪他們買房子或創業所需的資金。（參

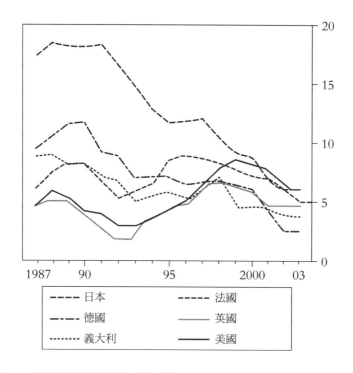

--- 日本	--- 法國
--- 德國	—— 英國
····· 義大利	—— 美國

圖1.1　美國和其他國家的儲蓄率下降情況：一九八七～二〇〇三年

閱第5～8章有關社會安全危機的激進解決方案。）

　　當然，無數美國人仍繼續為了退休、投資和其他理由而儲蓄，但近年來負債者的人數已超過儲蓄者。是誰彌補了這個差額？答案是外國投資者（反映在愈來愈大的經常帳赤字上），他們傾注幾十億美元到美國債券和證券、銀行帳戶及房地產。只要外國投資者繼續彌補差額，美國就能活下去和繁榮昌盛。但萬一他們停止了怎麼辦？

行為經濟學進入職場……
挾著來自華府的少許助力

　　為了防止一場潛在的金融儲蓄危機，二〇〇六年布希總統簽署通過退休金保護法。這個法案的主要部分叫做「自動儲蓄」，鼓勵公司自動報名員工參加401(k)計畫。這是史上第一次雇主自動替員工註冊401(k)計畫。員工可以選擇不參加，但他們必須明文要求免除。這個辦法和員工福利的標準做法相反。過去，員工必須親自登記參加401(k)計畫，平均而言，只有三分之一員工實際採取行動。過去，不作為等於選擇「不加入」。現在，不作為等於選擇「加入」。因此，即使遲疑不決的人也會投資於401(k)計畫！

　　此外，這個法案還有一個逐漸增加儲蓄額的機制，鼓勵雇主按員工每年投資金額的一定比例提撥配合款。這條新規定叫做「提撥升級」。當員工調薪時，部分新增的工資或薪水會自動進入他們的401(k)投資計畫。

　　這個小小的法律改變，將造成巨大的影響。根據《商業週刊》（*Business Week*）報導，「新規定可以為投資經理人帶來900億美元的額外退休資產。」[5]

SMART計畫背後的經濟學家

　　誰是這條新法背後的推手？這兩個新的退休制度構想是碧姬‧瑪德麗安和李察‧泰勒的創作，瑪德麗安是哈佛大學公共政策教授，泰勒是芝加哥大學商學研究所經濟學教授，也是這門叫做「行為經濟學」的熱門新領域的領導者。馬德麗安於一九九三

年獲得麻省理工學院（Massachusetts Institute of Technology，簡稱MIT）經濟學博士學位，泰勒則於一九七四年獲得羅契斯特大學（University of Rochester）博士學位，自認為是經濟學理性取向標準的叛徒。他也是一家資產管理公司的創辦人。

且看行為經濟學家最近兩本專書的書名：一本是耶魯大學的羅伯・席勒（他曾正確地警告投資者，二〇〇〇年的華爾街牛市不可能持久）所著的《非理性繁榮》（*Irrational Exuberance*）；另一本是蓋瑞・貝斯基（Gary Belsky）和湯瑪斯・季洛維奇（Thomas Gilovich）合著的《半斤非八兩》（*Why Smart People Make Big Money Mistakes*，天下文化出版，二〇〇〇年）。

要了解行為經濟學，請回答下面四個問題：

1. 你是否經常對你的信用卡帳單金額之大感到吃驚？
2. 你是否活在沒有存夠退休老本的恐懼中？
3. 你是否常發現自己投資股票是逢高買進、逢低賣出？
4. 你是否忘了更新你的遺囑？

如果你對上述任何一個問題的答案是「是」，歡迎加入廣大群眾。你的同胞大部分和你在同一條船上。三分之二的美國人認為自己存款太少。幸運的是，幫手快來了，至少可以幫忙解決其中兩個問題：超支和沒有存夠退休金。

行為經濟學家從本質上挑戰經濟學的一個基本原則：人類行為是理性可預測的概念。他們認為投資者、消費者和商人並非總是按教科書上的「理性經濟人」標準行事，反而是患了過度自信、過度反應、恐懼、貪婪、群聚本能，以及凱因斯形容的「動物精神」（animal spirits）等毛病。[6]

他們的基本假設是，人總是不斷犯錯。太多人過度消費，陷

入債信危機；他們沒有存夠老本；他們買股票追高殺低；他們不預立遺囑。不精打細算、愚蠢和無能是人類共同天性。羅伯‧席勒說：「『過於自信的普遍人類傾向』，造成投資者『表達過度強烈的意見和倉促下草率的結論』。」[7]路德維希‧馮‧米塞斯表示：「追逐錯誤的目標是普遍的人類弱點。」[8]

幸虧市場本身存在一個機制，自動將錯誤和企業失誤降至最低。市場懲罰錯誤，獎勵正確的行為。如伊斯雷爾‧柯斯納（Israel Kirzner）所言：「每當出現差錯，就存在純利機會。」[9]

但新的行為經濟學家超越標準的市場取向。他們主張，只要在制度措施中引進心理學原理，不勞政府大駕，就可以將差錯和誤判減至最低。退休金保護法幫助那些犯了錯誤，儲存太少收入的人。政府不必施壓就達到說服的目的。

二〇〇二年一月美國經濟學會（American Economic Association）在亞特蘭大開會，芝大的李察‧泰勒在會議中提出一篇論文，談他的「聰明」儲蓄計畫（譯註：該計畫正式名稱是Save More Tomorrow，簡寫SMT，諧音smart：聰明），一個大幅提高美國勞動人口儲蓄率而且無痛的系統化方法。二〇〇四年他告訴國會：「用粗淺的心理學原理，加上一點點關於人性的普通常識，幫助美國人儲蓄其實很容易。」他的發現刊登在二〇〇四年《政治經濟學刊》（*Journal of Political Economy*）一篇學術論文中。此時這位《贏家的詛咒》（*The Winner's Curse*）作者，行為經濟學的開路先鋒，已經發展出一個增加勞動人口儲蓄率的制度性新方法。

泰勒注意到勞動人口的平均儲蓄率低到令人憂心的地步。很多人將低儲蓄率歸咎於社會安全和聯邦醫療保險（Medicare）預扣稅額過高，以及國民重消費、反儲蓄的心態。但泰勒認為問題

部分出於退休計畫的管理方式。大部分公司把401(k)計畫當作一個自願參加的計畫，結果只有三分之一員工選擇加入。他說服芝加哥地區五家公司採用他的聰明計畫，讓它們的員工加入一個「自動」投資401(k)計畫。

這個計畫是泰勒與加州大學洛杉磯分校的舒洛莫‧貝納茲（Shlomo Benartzi）共同開發的，它包含三部分：（1）除非員工選擇退出，否則自動加入401(k)計畫；（2）員工承諾未來增加儲蓄，雖然大多數人拒絕承諾立刻增加他們的儲蓄；（3）員工同意自動投入任何加薪的一部分於他們的401(k)計畫，既提高提撥額，又不減少實得薪資。

從勉強變成熱情的儲蓄者

實施結果如下：高達86%的員工加入401(k)計畫，而不是以往的33%（典型的公司退休金投資計畫參與率）。聰明計畫實施後，短短十四個月內，參與者的儲蓄率從薪水的3.5%增加到9.4%，再過兩年後，儲蓄率變成薪水的13.6%，幾乎成長了四倍！而且這個紀錄是一群原本不情願儲蓄的人創造的。

泰勒的聰明計畫雖簡單，但有效。我自己寫過幾本投資書，提倡「自動投資」和定期定額投資計畫，[10]看到泰勒教授（和瑪德麗安教授）將自動投資的概念帶到一個新水準，我大為激賞。它在三個層次上發揮作用，達到儲蓄水位隨著時間逐步升高的目的：（1）它鼓勵高儲蓄率；（2）儲蓄率傾向於隨著時間自動增加；（3）儲蓄金額在免稅的基礎上進行投資。退休金計畫是追求成長的理想工具，因為資金維持長期投資。

如果各地的公司都採納這個計畫，它確實可以革新世界，不

僅使勞動者的退休生活更有保障，也提高整體儲蓄和投資率。結果可能是全世界都享受更高的經濟成長和生活水準。在二○○六年退休金保護法的鼓勵下，我們可能已經受惠於更高的經濟成長，尤其如果新的儲蓄被投資到股票市場的話。這個構想對公部門和私部門都有吸引力。政府機構已實施自動成長的節約儲蓄計畫，增加了成千上萬名公務員的儲蓄和投資率。全美最大的共同基金公司先鋒（Vanguard），目前正在向它的雇主客戶推薦這個構想。

最重要的是，自動註冊是私部門的主動行為，不需要政府干預。簡言之，通過創新的管理技術和教育，人民可以解決自己的財務和企業問題，不必靠國家幫助。新世代經濟學家確實在改變世界。

你會將你的401(k)投資到哪裡？

如果你定期且自動的儲蓄，你將會有一大筆存款可供投資。這筆錢怎樣投資最好？你怎樣才能以你的退休基金賺取適當的利潤，而不必承擔過度的風險？這是下一章的主題。

第2章

現代投資組合理論

你能戰勝市場嗎？

一隻蒙住眼睛的猴子對著報紙財經版擲飛鏢，其擲出來的投資組合，可能表現得和一群專家精挑細選的投資組合一樣好。

波頓・墨基爾（Burton Malkiel）

《漫步華爾街》（*A Random Walk Down Wall Street*）

接下來三章將告訴你，穩健的經濟學原理何以幫助你改善你的投資技能。你將看到，對於股票經紀人、理財經理、共同基金及財經專刊作者承諾你可以在股市中快速致富，學院派經濟學家一向持懷疑態度，但他們也提供一些傑出的解決辦法。

我們首先討論一個投資理論，經濟學家稱之為「效率市場理論」。

有段時期，華爾街分析師和理財經理對經濟學家深惡痛絕。一九六〇年代，象牙塔裡的學者教授膽敢來到華爾街，把股市分析批得一文不值。這些被稱為「效率市場理論家」和「隨機漫步者」的學院派經濟學家放肆地宣告，人們耗資不斐、煞費苦心製作的證券分析和積極的財富管理「無路用」，甚至比無用還糟，因為挑選個股的結果很可能比不上買進和長期持久一個基礎廣泛

的股票組合。有些經濟學家甚至宣稱猴子的選股本領可能比華爾街的專家還高明。

引發這場鬧劇的學院派經濟學家是尤金‧法瑪（Eugene Fama），一位從芝加哥大學商學院取得經濟和金融碩士博士學位的美國經濟學家。他畢業後一直留在母校教書。他的博士論文「股市價格的行為研究」（The Behavior of Stock Market Prices），得出股價是不可預測和無規則可循的結論，發表在一九六五年一月號的《商業學刊》（Journal of Business），占了該期的全部篇幅。

法瑪的論文後來以「效率市場假說」著稱，類似個體經濟學中的「完全競爭模型」。他說，不受拘束的競爭和創業精神，使市場立於不敗之地。一九七三年，普林斯頓大學經濟學教授波頓‧墨基爾出版《漫步華爾街》，使效率市場理論廣為流傳，現在這本書已發行到第九版了。墨基爾總結效率市場理論，或隨機漫步理論，如下：

「股價的短期變動無法預測。投資顧問服務、盈利預測和複雜的圖表一概無用……極端而言，這表示一隻蒙住眼睛的猴子向報紙財經版擲飛鏢所產生的投資組合，可能表現得和一群專家精挑細選的投資組合一樣好。」[1]

效率市場理論的支持者被取了「隨機漫步者」的綽號，因為他們相信股市的短期變化是不可預料且隨機的，像一個醉醺醺的水手在華爾街七拐八彎地亂走，他們也相信證券分析師和基金經理不大可能戰勝市場。

《華爾街日報》的編輯自墨基爾的書得到靈感，決定辦一場編輯對抗專業分析師的選股競賽，編輯以擲飛鏢於納斯達克（NASDAQ）上市公司名單的方式來選股，分析師則根據基本面

或技術面分析，細心挑選他們最中意的股票。這項競賽每半年舉行一次，從一九八八到二〇〇二年，延續了十四年。引人注目的是，專家贏得大多數競賽，以10.2%的平均報酬率打敗飛鏢客的3.5%。

不過，墨基爾認為這項競賽有作弊之嫌。「它有廣告效應，」他說，並解釋《華爾街日報》如何由宣傳專家挑選的股票來影響市場。「因為該報報導專家的選擇，專家又敘述他們為什麼挑選某股，使那些股票聲名大噪，」墨基爾說。他補充道，當他用報紙文章發表前一天，而非當天的股價，重新計算專家選擇的股票的報酬率，專家的選股本領和飛鏢客無分軒輊。

經濟學家創造現代投資組合理論

有一些理由可以解釋為什麼傳統的華爾街是被動過手腳，對一般投資人不公平的競技場。墨基爾等人將矛頭指向積極管理的投資組合的交易成本，例如佣金、績效費、買賣價差，還有稅。此外華爾街有成千上萬的證券分析師在尋找被低估的投資機會，打敗他們每個人也變得極度困難。

如果你不大可能戰勝市場，那麼法瑪、墨基爾及其他效率市場論者有什麼建議？你應該完全不碰股票，把所有的錢放在銀行儲蓄帳戶和定存單上嗎？恰恰相反。他們想出一個巧妙、簡單的辦法：進市場當一名消極的投資者。買一個大型的個股投資組合，或一個股票指數基金，長期持有，處變不驚地面對市場漲跌起伏。這個策略也許看起來太白癡，但它在過去五十年的獲利能力非常好，根據標準普爾500指數，可獲得大約12%的年複利報酬率（含股息）。

起初學術界的效率市場理論在華爾街引起一片譁然。高薪的證券分析師和基金經理覺得他們的事業受到威脅，因為證據顯示他們的表現不如市場平均獲利水準。但鐵證如山，反駁不易。經濟學家已做過無數研究，證實墨基爾的主張。（見圖2.1，《經濟學人》在一九九〇年代所做的研究。）極少數的專業投資人或共

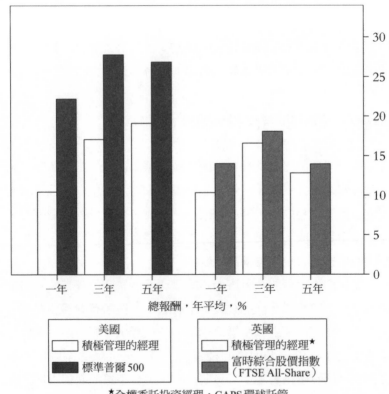

圖2.1　指數基金表現優於財富經理

資料來源：《經濟學人》（一九九九年五月二十九日），翻印許可

同基金能獲得和標準普爾500不相上下的報酬。

但最後華爾街也加入效率市場理論家的行列，創造了股市指數基金。一九七六年約翰·柏格（John C. Bogle）在賓州佛吉谷的先鋒基金集團創立第一個指數基金，目前先鋒500指數基金（Vanguard 500 Index Fund，代碼VFINX）是全球最大的股市指數基金，資產額720億美元。如今五花八門、多不勝數的指數基金充斥市場，所有你能想像的類別都有。

誰能打敗市場平均獲利水準？

不顧學者的警告，積極的理財經理和共同基金仍企圖打敗指數，其中一些確實成功了，包括華倫·巴菲特（Warren Buffett）、彼得·林區（Peter Lynch）、麥可·普萊斯（Michael Price）和價值線（Value Line）。巴菲特經營的封閉型投資公司波克夏·哈薩威（Berkshire Hathaway）毫無疑問是最成功的基金，長期表現超越指數。一九七〇年代初，波克夏·哈薩威（代碼BRK.A）每股交易價格為20美元，現在每股售價超過10萬美元（該股從未分割或派息）。這位奧馬哈市的億萬富翁面對效率市場理論的批評一向不假詞色。創辦波克夏·哈薩威公司之前，巴菲特曾和他的恩師，基本面分析之父班傑明·葛拉漢（Benjamin Graham）合作，共同研究套利技術。他表示：

葛拉漢—紐曼公司、巴菲特合夥事業和波克夏公司連續六十三年的套利經驗，證明了效率市場理論多麼愚蠢。在葛拉漢—紐曼（Graham–Newman）工作的時候，我曾研究該公司於一九二六到一九五六年，公司存在的整個時期之

間，從套利賺取的利潤。非槓桿投資平均每年獲利20%。自一九五六年起，我開始應用葛拉漢的套利原則，最初在巴菲特合夥事業（Buffett Partnership），後來在波克夏。我雖然沒做過精確的計算，但我做的分析足以讓我知道，一九五六到一九八八年的平均報酬率遠高於20%。過去六十三年來，整個市場的年平均報酬率接近10%，包括股息在內，這表示如果所有收益續投資的話，投資1,000元會增長到40萬5,000元；但20%的報酬率意味著投資1,000元會產生9,700萬元。在我們看來，這是一個具有統計意義的重大差異，想來可以引起一個人的好奇心。[2]

巴菲特總結，「他們（效率市場理論家）正確地觀察到市場經常有效率，卻不正確地做出市場永遠有效率的結論。」

歷史上還有其他一些個人或策略戰勝市場的例子。有些紐約證券交易所的場內交易員表現一貫優於同行。《財星》雜誌（Fortune）評選的百大最佳就業公司打敗市場平均水準。有些期貨交易員的績效令其競爭對手瞠目結舌。傑克‧舒威格（Jack Schwager）在他的書《金融怪傑》（Market Wizards）中講了一些期貨交易員的故事，包括一位商品交易員把3萬元變成8,000萬元；一位前證券分析師在七年期間平均每年每月獲利25%（年報酬率超過1350%），主要來自股票指數期貨交易；一位麻省理工學院電子工程系畢業生在十六年內賺到二千五百倍的報酬。[3]舒威格講的傑出投資者在股票市場的故事也一樣令人嘖嘖稱奇。[4]

傳統經濟學者對此的回應是：（1）只有少數投資者持續戰勝市場，（2）打敗市場的策略不可能持久，因為這些策略一旦廣為人知，就會失去作用。舉例來說，一九九〇年代曾流行一個

跑贏大市的投資技巧，叫做道瓊狗股（Dogs of the Dow）策略。這個策略是一九九一年麥可‧歐希金斯（Michael O'Higgins）和約翰‧唐恩斯（John Downs）在他們合著的《跑贏道瓊指數》（*Beating the Dow*）中提出的，簡單說來就是買十支股息殖利率（dividend yield）最高的道瓊工業指數成分股。頭幾年這個機械化的操作方式證明有效，但它在一九九〇年代後期大大流行起來，以至於到了二〇〇〇年代，它再也跑不贏道瓊平均獲利水準了。

新一代經濟學家有什麼錦囊妙計可以打敗市場？這是下一章的主題。

第3章

是的，你可以打敗市場……
還可以降低風險

股息是大多數優勝股票擁有長期優勢的關鍵因素。

——傑若米·席格爾

《投資者的未來》（*The Future for Investors*）

金融經濟學家使投資者更容易盡量擴大報酬，同時盡量減少損失。效率市場假說及其建議的策略，即投資於一個基礎廣泛的指數基金，具有很大優點。但問題仍未解決：有沒有辦法用較少風險戰勝市場？

經濟學家仍在尋找這個理財上的煉金術。在這方面已做出一項潛在突破的經濟學家是傑若米·席格爾，賓州大學華頓商學院（Wharton School）金融學教授。席格爾於一九七一年獲得麻省理工學院經濟學博士學位，一九七二到一九七六年在芝加哥大學教總體經濟學和金融學。他師從保羅·薩繆爾森（麻省理工）和米爾頓·傅利曼（芝大）兩位經濟學大師。席格爾最著名的作品是《長期股票投資》（*Stocks for the Long Run*），但他最新的著作《投資者的未來》才是他最重要的發現。他稱這項發現為「成長陷阱」（The Growth Trap）。席格爾教授率領他的研究助理，進行一項龐大的研究計畫：剖析標準普爾公司著名的標準普爾500

指數自一九五七年創立以來的整部歷史。他想測試一個深植人心的看法，那就是用新的、生氣勃勃的公司取代老的、表現遲緩的公司，是標準普爾500指數長期保持強勁紀錄的秘訣。

效率市場理論家認為，投資者只要購買和持有一籃子股票，就會獲得不錯的成績。那不就是道瓊工業平均指數和標準普爾500指數所做的嗎？不完全是。實際上，股票指數經常改變。上市公司必須符合特定條件才會被納入指數，不再合格的股票有時會被除籍或被其他合格的股票取代。因此，標準普爾500及其他指數其實不是一張固定不變的股票清單。標準普爾500經常根據標準普爾公司所訂的市值、盈餘和流動性的標準，進行更新和修正。按定義來說，新加入的公司表現一定遠勝於被剔除的公司。漫步華爾街畢竟不是亂走一通。令人感興趣的是，二○○○年科技泡沫漲到最高點時，四十九家新公司加入指數；二○○三年熊市快觸底時，標準普爾只增加了八家新公司。這些一年一次的變更改變了指數的成分，從以工業股為主，變成以金融和科技股為主。這些變化全是資本主義創造性破壞過程的一部分。

席格爾的研究計畫是一個極其龐大的工程，需要追溯前後數百家公司歷時數十年被併購或分拆的複雜歷史。然後他比較兩個投資組合在將近五十年期間的表現：一個是「倖存者」，由所有原始標準普爾500成分股組成，另一個是「全體後裔」，由這些年來陸續加入的公司組成。他得到一個令人震驚的結論，發表在他的書《投資者的未來》之中：「原始標準普爾500成分股的投資報酬，勝過標準的、持續更新的標準普爾500成分股的投資報酬，而且風險較低。……原始標準普爾500公司的股票，平均而言，表現優於後來半個世紀陸續加入指數的近千家新公司。」

這怎麼可能？根據席格爾，原因很清楚：標準普爾拖太久才

把這些正在成長的新公司納入指數。此時投資者已經把這些大膽、創新公司的股價炒到過高的水準，待它們加入標準普爾500指數時，股民買到的是太貴的東西。標準普爾公司在它的標準普爾500指數中反映了這個昂貴的習慣。

無可否認，標準普爾做對了一件事，它們注意到新候選者在盈餘、營收和市值上處處勝過舊公司。但他們掉入了「成長陷阱」，即太遲才將大膽創新的公司納進指數。

同樣的，標準普爾也拖太久才剔除清單上的輸家。待這些公司終於從指數消失時，它們已經準備好反敗為勝了。被踢出指數後，這些股票通常開始反彈。它們往往恢復到真正的價值。這個例子是統計學家所說的「退回平均值」（recession to the mean）。被低估的股票最後一定會反彈，恰似被高估的股票最後一定會跌回原形。席格爾發現標準普爾老是追在股價後面，而不是走在股價變動之前。

彼得‧林區警告，成長陷阱相當普遍。個人和法人同樣受害。他在《彼得林區選股策略》（*One Up on Wall Street*）中指出，等到「美國每一個人口集中地區都開了一家沃爾瑪（Wal-Mart）賣場，五十個分析師在密切注意該公司，《時人》（*People*）雜誌專題報導沃爾瑪董事長，將他描述成一個開小貨車上班、特立獨行的億萬富翁時，法人才買進沃爾瑪股票。此時該股已經漲到40塊錢了。」林區在每股4塊錢的時候買進沃爾瑪。他指出，大多數法人買手受到限制，不能買小而成長中的公司，因為其市值低於他們訂的最低標準。一旦股價漲了兩、三倍，市值就高到符合他們購買的標準了。「結果造成一個奇特現象：大型基金只准在股價不划算的時候買小公司的股票。」

IBM（藍色巨人）對抗埃克森（石油巨人）

　　席格爾教授製作了一個成長陷阱的例子，比較科技巨擘國際商用機器公司（代碼IBM，俗稱「藍色巨人」）和紐澤西州的標準石油公司（現名埃克森美孚〔Exxon/Mobil〕，代碼XOM，俗稱「石油巨人」）跨越五十三年（一九五〇到二〇〇三年）的總報酬。他說這是一個典型的新舊對抗的例子。用證券分析師使用的任何成長矩陣（growth matrix）來衡量，IBM在盈餘、營收、現金流量、帳面價值等各方面，處處勝過標準石油。五十三年來，藍色巨人的每年盈餘——長期成長的主要指標——超過石油巨人的盈餘成長每年達三個百分點以上。在這段時期，科技產業成長地比能源產業快得多。

　　然而，比較結果卻讓人跌破眼鏡。儘管IBM在公司內部統計數字上打敗標準石油，標準石油卻讓投資者賺更多錢。假設所有股息再投入股票，買1,000元IBM股票，五十三年後這筆投資變成961,000元；但買1,000元標準石油（埃克森）股票，五十三年後卻變成126萬元——多了31%。上述報酬假設所有股息再投資，這是關鍵因素。

　　為什麼會出現這個現象？因為投資者買IBM股票總是買貴了，買標準石油股票總是撿到便宜。投資者犯的基本錯誤，就是將IBM股價推高到真正價值之上，以及忽視標準石油股價相對低於真正價值。

　　追本溯源，關鍵在本益比（price-earnings ratio，P/E值），這是穩健投資的要訣。本益比計算每股市價除以每股盈餘。投資者傾向於哄抬快速成長中新經濟股的價格，因此成長型股票有高本益比。席格爾的研究證明一個行為弱點：股民一直不斷犯了追逐

高本益比股票，卻冷落低本益比股票的錯誤。退回平均值無可避免一定會發生。高本益比股票如IBM，雖有高盈餘，遲早會落入凡塵，低本益比股票如標準石油則會爬升到它們的真實價值。這就是為什麼《富比士》雜誌（*Forbes*）專欄作者和投資經理大衛‧卓曼（David Dreman）主張，最好的逆勢操作賺錢手法是買低本益比公司的股票。

當心科技股

在很多方面，成長陷阱是一個弔詭。新經濟股促進全球經濟體的經濟成長，卻一再令投資者失望。少數幾個高知名度的贏家，如微軟（Microsoft）或戴爾（Dell），背後隱藏著幾百個輸家。即使是贏家，通常也被高估了價值。「我們對成長的迷戀是一個陷阱，」席格爾教授警告。「最創新的公司很少是最理想的投資機會，」因為投資者經常付出過高的代價，以換取持有大膽、創新公司股份的特權。席格爾特別叮嚀，千萬別買本益比高於100的任何股票，此類股票必然落到乏人問津的下場。相反的，投資人常忽略熟悉的老公司，此類股票有低本益比，提供物超所值的機會。

傑若米‧席格爾的研究發現，少有科技或通訊股能進入任何連續十年或更久表現最佳的前十名股票排行榜。無獨有偶，彼得‧林區也獲得和席格爾一樣的結論。林區在他的暢銷書《征服股海》（*Beating the Street*）中寫道：「最後我發現，但並不特別意外，我始終如一的賠錢貨是科技股。」

席格爾的積極策略

席格爾建議一個策略，既能克服成長陷阱，跑贏大市，又能降低風險。這個技巧可以在席格爾比較IBM與標準石油的例子中找到。如前所述，儘管IBM的成長率年復一年超過標準石油，標準石油這支舊經濟股的總報酬卻高於新經濟股IBM。是什麼原因造成這個差異？

股息！IBM的市價實在太高了，怎樣都拚不過從標準石油這些年來派發的豐厚股息所賺取的利潤。「標準石油的高股息殖利率造成巨大差異，大大提高了它的投資報酬率，」席格爾教授表示。儘管標準石油的營收和盈餘比不上IBM，但它的定期配息，如果再投資的話就會造成差異，使它打敗了科技巨人。研究顯示97%的股票增值來自股息。

當IBM的股價被過度熱情、操之過急的投資者不斷推高，而偏離它的相對價值時，標準石油卻保持本色，提供穩定利潤給它的股東。

愈來愈多證據顯示，固定配息的公司，與不配息的成長型公司相比，呈現更好的長期成長和低風險模式。因為配息的公司通常是上市多年的大型和中型市值股，它們不像新成長型公司和科技公司那樣容易遭受極端估價。它們忠於自己的真正價值。

股息加權對抗市值

投資於配息股，你不必犧牲利潤。最近學術研究發現，連結股息的股票指數，表現往往優於市值指數基金。《聰明理財》雜誌（*Smart Money*）最近報導，「獨立研究似乎支持基本面指數。

倫敦研究機構史戴爾（Style Research）根據盈餘、股息、營收或帳面價值建構投資組合，分析它們過去五年、十年和二十年在美國、英國、歐洲、東南亞和日本等各地市場的表現，結論是基本面指數以平均每年2～2.5%的差距打敗市值加權指數基金。」[1]

席格爾的研究顯示，股息加權指數基金勝過市值加權指數每年三百個基點。[2]這是一個巨大差異。圖3.1顯示兩者跨越四十四年的總報酬差距。

搶錢大作戰

配息股是傑出的投資策略，有幾個原因。

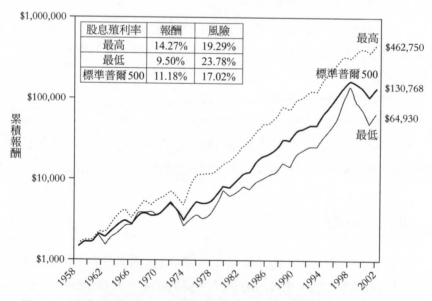

圖3.1　股息加權指數 v.s. 市值加權指數的長期收益

第一，**股息不說謊**。現金股息是唯一真正證據，可證明公司善盡其職，提供有用的產品或服務給它的顧客，為它的股東，也為公司高層及其員工謀福利。經過這麼多公司醜聞、可疑的作帳手法和虛構的財務報表之後，沒有什麼比信箱裡的支票或存入你的證券帳戶的現金更能保證這家公司做對了事情。知道公司實際賺到足夠的錢來分給股東，是令人欣慰的事。現金股息不能修改，不像過去盈餘。盈餘總是令人起疑，因為五花八門的會計手法。收入可以在一年內或分幾年入帳。資本資產可以賣掉，然後把出售所得登記在經常收益科目下。債務可以當作直接支出註銷，或分攤多年。但匯入你的帳戶的現金是千真萬確的東西，是公司是否真正賺錢的試金石。它是公司獲利能力的有形證據。無可否認，過去曾發生過股息醜聞，但那畢竟是極罕見的例子。股息不是財務花招或龐氏騙局（Ponzi Scheme）。它必須從盈餘撥出。誠如潔若黛・魏斯（Geraldine Weiss）的經典書名所言——《股息不說謊》（*Dividend Don't Lie*）。

第二，**固定配息強迫公司遵守財務紀律**。配息的公司很像貸款買房子的投資者。屋主有動機賺足夠的錢來支付月繳房貸。或者，如晨星基金研究機構（Morningstar）證券分析部主任派屈克・朵爾西（Patrick Dorsey）所言：「配息的公司很像加入401(k)或儲蓄計畫的投資人——因為錢不在你的口袋裡，你不可能把錢亂花到別的地方。」

第三，**配息股打敗市場**。如前所述，長期而言，股息加權指數超越市值加權指數每年三百個基點。分散投資於多種配息股的投資組合，表現通常優於非配息股的投資組合。國際市場研究也支持這項發現。

基本上，股息使投資者有機會以物超所值的價格買進股票。

你很難找到一支飆漲的股票既擁有大市值，又發放可觀的股息。

第四，配息股風險較小。研究顯示，配息股不但表現優於非配息股，而且波動較小。這是擁有大型固定配息股的本質。投資於這些穩定的公司，你完全避免了積極成長型股票的高風險投機性，如二○○○年代初爆破的科技股泡沫。你躲過下一個安隆（Enron）醜聞或eToys破產風暴。同時，配息股在牛市一樣會漲，雖然漲幅確實不如成長型股票那麼壯觀。它們真正脫穎而出的時候是在熊市。當成長股紛紛墜落時，股息提供一個減震器；它們常是投機客的避風港。這不表示配息股不會跌；它們常隨著大市一齊跌，也不能避免聯準會政策和地緣政治的衝擊。但它們確實比不久前的熱門股挺得住。

圖3.2來自奈德戴維斯研究機構（Ned Davis Research），顯示配息股表現優於成長股，而且波動較小。

最近傑若米‧席格爾和傳奇性的基金經理麥可‧史坦哈特（Michael Steinhardt）聯手創立智慧樹（WisdomTree）基金公司，推出各種跟股息掛勾的股市基金。（有興趣的讀者可以查詢該公司網站www.wisdomtree.com）它有兩檔指數股票型基金（exchange-traded funds，簡稱ETFs）投資於一百支頂尖的配息股：一檔是智慧樹百大股息指數基金（代碼DTN），另一檔是智慧樹國際百大股息指數基金（代碼DOO）。自二○○六年六月問世以來，兩檔基金表現都勝過標準普爾500指數。

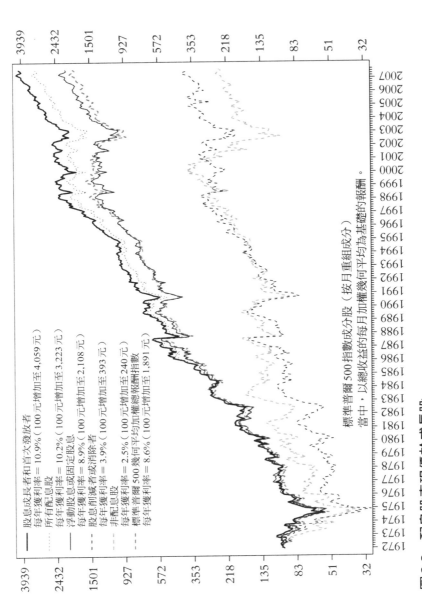

3939		3939
2432		2432
1501		1501
927		927
572		572
353		353
218		218
135		135
83		83
51		51
32		32

股息成長者和首次發放者
每年獲利率＝10.9%（100元增加至4,059元）
所有配息股
每年獲利率＝10.2%（100元增加至3,223元）
浮動股息或固定股息
每年獲利率＝8.9%（100元增加至2,108元）
股息削減者或消除者
每年獲利率＝3.9%（100元增加至393元）
非配息股
每年獲利率＝2.5%（100元增加至240元）
標準普爾500幾何平均加權總報酬指數
每年獲利率＝8.6%（100元增加至1,891元）

標準普爾500指數成分股（按月重組成分）
當中，以總收益的每月加權幾何平均為基礎的報酬。

圖 3.2　配息股表現優於成長股

資料來源：奈德戴維斯研究機構

第 4 章

高報酬投資法

耶魯捐贈基金的啟示

真正的分散投資意味一個反傳統的替代方案。高預期報酬類
資產，包括國內證券、國外已開發國家證券、新興市場證券
及房地產……提供改善報酬和風險又不必付代價的機會。

——大衛·史文森（David F. Swensen）

耶魯大學投資長

〇〇一到二〇〇二年，我擔任經濟教育基金會董事長。該
基金會位於紐約州厄文頓鎮，擁有輝煌歷史，是美國最古
老的教育基金會之一，傳授年輕學子和成年人健全經濟的基本原
理。當我就任時，我也變成一個價值幾百萬美元的捐贈基金
（endowment fund）負責人。捐贈基金是這一類機構因獲得不尋
常的大額個人捐款而創立，通常來自遺產。在某個意義上，捐贈
基金是應急基金。它們極受非營利組織歡迎，因為在募款進帳緩
慢的拮据時期，捐贈基金可以幫組織度過難關。此外，大多數非
營利組織的董事會都允許組織動用一小部分捐贈基金來應付經常
開支。

捐贈基金享有資本增值免稅的好處。基金累積的任何利息、
股息和資本利得，都不必課聯邦稅和州稅。這些基金通常做非常

保守的投資。當我入主經濟教育基金會的董事會時，我發現七成投資組合主要投資於政府公債，三成投資於優質股票。在非營利世界，捐贈基金被小心翼翼保護起來，沒有人願意看到它貶值。我被斬釘截鐵地告知，儘管我有權管理該基金會的捐贈基金，但不可更改這個極端保守的70：30比率。

因此，這些年來經濟教育基金會的捐贈基金成長幾乎跟不上通貨膨脹。這是大多數大學、基金會、公司、教會和智庫擁有的捐贈基金的主要缺點。它們實在太保守了，投資績效往往比不上基礎更廣泛的股市指數。

新耶魯模型登場

站出來挑戰這個傳統觀念的人是大衛‧史文森，一九八五年被聘為耶魯大學捐贈基金的投資長。在他主持下，耶魯的投資額從60億美元增加到180億美元，過去十年平均每年獲利17.2%。這個數字比市場平均獲利水準高出兩個百分點，遠超過更保守的捐贈基金。更厲害的是，在困難的二○○○到二○○三年熊市期間，耶魯基金沒有一年虧損。史文森被視為捐贈基金界的傳奇打擊手。

史文森受教於諾貝爾獎得主詹姆斯‧托賓（James Tobin）門下，獲得經濟學博士學位後，他先在華爾街工作，任職於雷曼兄弟（Lehman Brothers）及所羅門兄弟（Salomon Brothers），然後回到母校耶魯，創造多重資產類別投資法（multi-asset class investing）的「耶魯模型」。史文森戰勝市場的投資法，是運用競爭、誘因、創業精神和節約等市場原理，直至目前為止效果卓著。

是什麼因素造成差異？首先，史文森不滿意傳統的捐贈基金投資方式：投資於美國股票（最好是大型績優股）和美國債券（最好是美國國庫券）的保守投資組合。組合比例各家不同——有些捐贈基金股票多於債券，其他的如經濟教育基金會則債券多於股票。不論哪一種，史文森知道，這麼保守的投資組合注定表現平庸，低於市場平均值。

史文森設計了一個替代方案，涉及更多元化地投資於其他資產類別，包括外國市場、天然資源，甚至非傳統的投資標的如避險基金和私募股權基金。史文森在他的著作《非傳統的成功》（*Unconventional Success*）中，概述一個包含六類資產的多重資產類別投資組合如下：

國內股票	30%
國外已開發國家股票	15%
新興市場股票	5%
房地產和天然資源	20%
美國國庫券	15%
美國財政部抗通膨債券（TIPS）	15%

注意一下這個多重資產投資組合與傳統的公司、大學或慈善機構捐贈基金的差別有多大。史文森將債券比重從傳統的七成減少到三成，其中一半買了TIPS。他將股票部位從傳統的三成增加到五成，其中相當大比例放在國外市場。史文森認為，這樣一個投資於非傳統資產的基金，只要基金持有的資產「互不相干」，就能打敗市場，而且較少波動。所謂互不相干，他的意思是，當市場趨勢改變時，不同資產類別會向不同的方向移動。例如，如果通膨率上升，國內股票可能下跌，但房地產和天然資源

——眾所周知的通膨避險工具——可能抵銷股票的損失，避免投資組合大幅下跌。

儘管本書讀者絕大多數不會去管理一個捐贈基金，史文森的投資策略仍值得借鏡，可以用在你自己管理的401(k)計畫、個人退休帳戶（IRA）或其他退休金計畫。你可以沿著史文森發展的路線，投資於多重「互不相干」的資產，而獲得傑出的市場報酬。

史文森在《非傳統的成功》中提出三個普遍適用的建議：

1. 分散投資於上述六類資產。
2. 按六類資產的原始比重，定期（每年一次或兩次）調整你的投資組合。
3. 將重點放在低成本的指數基金和指數股票型基金（ETFs）。

他對積極管理的共同基金多所批評，因為高手續費、苛捐雜稅和競爭者的優越能力，此類基金不大可能打敗市場（如前所述）。這位耶魯投資長的眼界很高，「在美國九千到一萬個共同基金中，只有幾打值得深思熟慮的投資人考慮。」[1]

「吃自己燒的菜」

史文森認為你可以在積極管理的賽局獲勝，但難度極高。你去哪裡找「一小組真正有才華的投資人」，其人格特質包括「正直、熱情、堅毅、聰明、勇敢和好勝」，而且跟你志趣相投？最重要的是，他希望看到高度的「共同投資」，亦即，投資經理將自己的淨資產大比例投資在自己管理的基金或帳戶。「很多優質投資經理以『吃自己燒的菜』為榮。」[2]

大多數基金經理或理財經理不喜歡共同投資。事實上，絕大

多數共同基金含有少得可憐的並肩投資成分。耶魯投資基金有一個特點，其董事尋求以「集中式投資組合」見長，僅投資於一小撮股票，而且經常持有冷門部位的理財經理。這些理財經理為耶魯的投資帳戶互相競爭，表現不如同行會被淘汰──另一個新全球經濟「創造性破壞」過程的例子。

其他長春藤盟校採納耶魯模型

史文森的非傳統模型並未被埋沒。其他菁英學府如史丹佛和哈佛紛紛有樣學樣，追隨他的領導。整體而言，表現最佳的大學捐贈基金過去十年報酬率約為15%，輕鬆打敗一般退休金計畫和美國股市指數。哈佛大學的捐贈基金，在穆罕默德‧艾爾─艾里安（Mohamed El-Erian）管理下，是全世界最大的捐贈基金。二十年前，它的投資組合約八成投資於國內股票和債券。如今在艾爾─艾里安管理下，它的表現耳目一新：31%投資於國外和國內股票；35%於美國債券和其他固定收益；17%於避險基金；還有31%大幅投資於硬資產，包括不動產、木材和能源。由於分散投資於外國股票，尤其是新興市場，哈佛捐贈基金去年增值23%，達到350億美元，超過標準普爾500指數三個百分點。其中新興市場投資組合成長了44%，對它的貢獻特別大。

雖然機率很小，打敗市場不是不可能

史文森和他的共同投資者能夠獲得傑出的報酬，不過耶魯、哈佛及其他長春藤盟校比一般投資大眾條件優越，可以接觸到技術與知識勝人一籌的投資經理。史文森在《非傳統的成功》中建

議大多數投資者，最好還是只投資於股市指數。根據傑若米‧席格爾和他的智慧樹基金公司，投資於連結股息的股票指數，你可以增加報酬，同時減少一點風險（見上一章）。

極端版本的效率市場理論相信市場永遠有效率，而且一般大眾可以免費取得資訊，因此否定投資者有能力在金融市場找到物超所值的機會。但事實上資訊並非免費，也未必公開給一般大眾。買規模小、默默無聞的股票可以賺大錢，因為公眾缺乏資訊。局內人和場內交易員比公眾早知道這些公司，所以他們能靠這些訊息獲利。此外，一般大眾對經濟趨勢相當無知，因此不能根據世界經濟發生的事件，採取可以獲利的行動。坊間充斥錯誤的推測，投資者和分析師聽從這些推測而造成財務損失，使得了解目前趨勢的精明人可以趁機獲利。

行為經濟學家已創造奇蹟，發現更聰明的增加個人儲蓄和運用個人退休基金的方法。他們能不能在公共退休計畫——社會安全制度——領域創造同樣的奇蹟？接下來幾章，我將討論這個爭議性的議題，先從智利年金改革的非凡成就談起。但它能否複製到美國？且待下回分曉。

第5章
智利如何發動一場工人資本家革命

我們經由社會安全民營化發動工人資本家革命。

—— 荷西・皮涅拉，智利年金制度設計師

一九五〇年代，在西奧多・舒爾茨（Theodore Schultz）與阿諾・哈柏格（Arnold C. Harberger）指導下，芝加哥大學展開一項獎學金計畫，提供給來自智利天主教大學的學生。幾十位智利經濟學家，在米爾頓・傅利曼、喬治・史蒂格勒（George Stigler）等芝加哥學派大師門下，學習市場和民主資本主義的優點。這群人學畢回到智利，頂著「芝加哥小子」的綽號，用市場取向的方法處理拉丁美洲的議題。

星星之火可以燎原。這項小計畫掀起一場橫掃全世界，會讓馬克思（Karl Marx）瞠目結舌的工人資本家革命。因為小小智利民營化退休計畫的驚人成功，現在三十多個國家已追隨智利的腳步，將其形式不一的社會年金制度，改成真正成長取向的個人退休帳戶。主要已開發國家，包括美國，目前正在辯論是否採納智利年金模型。

這場世界革命的首要設計師是荷西・皮涅拉，一九六〇年代後期就讀於智利天主教大學。一九七〇年畢業後，皮涅拉前往哈佛大學攻讀研究所，取得經濟學碩士和博士學位。一九七五年皮

涅拉回國，擔任智利天主教大學教授，發現自己置身於一場政治危機之中。一九七〇年代初，在第一位民選總統，馬克思主義信徒阿葉德（Salvador Allende）主政下，智利蒙受重大經濟災難。阿葉德實施國有化、高工資和價格控制的社會主義政策，造成物資短缺、黑市猖獗和狂飆的通貨膨脹。經過一連串民眾示威抗議，一九七三年九月，皮諾契特（Augusto Pinochet）將軍領導軍方發動政變。阿葉德自殺身亡。當全球通膨性經濟衰退使智利問題更加惡化，皮諾契特將軍找來皮涅拉和芝加哥小子共商重整經濟之道。他們力主大幅削減政府開支，去除國有化，改革稅制，拓展貿易，並嚴格控制貨幣供給。皮諾契特對皮涅拉提出的經改計畫大為讚賞，他承諾該計畫會顯著提高智利的經濟成長率。

皮捏拉獲得皮諾契特延攬入閣，前後擔任勞工與社會安全部長（一九七八到一九八〇年）及礦業部長（一九八〇到一九八一年）。他在智利推行四項重大改革：建立全世界第一個民營化退休制度，推動民營健保計畫，重建民主工會，創制憲法條文確立礦業所有權。他也是一九八〇年新憲法的主要倡議者，新憲法確立人權法案和一條逐步恢復民主的轉型途徑。

皮涅拉最膾炙人口的成就是徹底改革智利的社會安全制度，該計畫已成為世界各地仿效的對象。目前皮涅拉擔任國際年金改革中心（International Center for Pension Reform）總裁，全職在世界各地演講這個主題並提供諮詢。他見過大部分國家的領導人，說服他們改變其公共年金計畫。

智利的民營年金制度如何運作？

擔任智利勞工部長時，皮涅拉發現傳統的隨收隨付（pay-asyou-go）退休系統已經破產。芝加哥小子決定改弦易轍，將個人給付連結到個人提撥（課責原則）。在新制下，工人挹注的資金會進入工人擁有的個人帳戶。員工按規定必須提撥薪資的10%，但可以自願增加提撥比例至20%。和其他國家一樣，提撥款可以從納稅額中扣除，而且私人帳戶賺取的利潤直到退休提款前都免稅。智利沒有法定退休年齡，退休年齡由工人自己決定，當工人到達退休年齡時，可以透過一家核准的保險公司，將個人帳戶裡的錢轉換成年金，由保險公司付給他們定額的終身俸。因此，長壽的退休族不必擔心錢會用光，卻享有在工作儲蓄的年代自己決定這筆錢如何投資的好處。

員工可以管理自己的退休金帳戶，在二十個共同基金中做選擇，這些基金由民營投資公司管理，人稱「退休基金管理者」（西班牙文縮寫是AFP）。他們可以選擇股票、債券、政府公債，最近外國股票也納入選項；他們可以自由轉換退休基金管理者，從一家跳到另一家。這些公司受到政府嚴格管制，至今沒有一家破產倒閉。工人按規定必須做適度的分散投資，不能放太重的部位在一個基金上。「我們的計畫在路線上激進（甚至是革命性的），但執行上保守和審慎，」皮涅拉表示。「我們信任私部門，但我們不天真。我們知道有些公司可能投資衍生性金融商品，甚至賠很多錢。我們不希望退休基金拿工人的錢去投資新加坡的衍生性金融商品。」[1]

芝加哥小子怎麼想出這個讓私部門競爭經營年金系統的點子？出乎意外地，那不是傅利曼的主意。傅利曼在他一九六二年的著作《資本主義與自由》（*Capitalism and Freedom*）中，基於經濟和道德的理由反對社會安全制度，但他並沒有提出一個替代方案。[2]根據芝大教授阿諾‧哈柏格的說法，民營化的構想得自

一個叫做TIAA-CREF的教師年金計畫，全名為教師保險與年金協會／大學退休資產基金，芝大提供所有教職員這個計畫，參與者可以選擇投資於股票和債券基金。來自智利的研究生和教授看到教師年金計畫運作得這麼好，於是皮涅拉採納了這個構想。[3]

新制有一段過渡期。智利政府提供所有退休勞工最低退休金保障。已經工作多年，繳納過不少錢給公立年金系統的人，可以選擇留在舊制。決定轉到新制的人會獲得一張認可債券，承認他們對舊制的貢獻。當他們退休時，政府會將他們的債券兌現。

民營化社會安全計畫於一九八一年五月一日上路，那一天是智利和全球大部分國家的勞動節。它本來應該在五月四日啟動，但皮涅拉最後一刻將日期改成五月一日。「同仁問我為什麼要改期，」他說，「我解釋說五月一日向來是世界各地紀念階級對抗的日子，這一天工人反抗雇主，彷彿他們的利益完全分歧似的。但在自由市場經濟體系，勞方和資方的利益趨於一致。我告訴同仁，『讓我們在五一啟動這個系統，這樣一來，以後勞動節就可以慶祝工人擺脫國家束縛，進入人民自己管理的資本化體系。』」[4]

採用智利模型的好處

智利是全世界第一個將社會安全制度改為民營的國家。實施結果令人驚奇。今天的智利有93%的勞動人口加入二十個不同的民營退休基金。自一九八一年實施以來，退休金投資的實質報酬率平均每年超過10%（相較於美國社會安全制度的平均1%）。同樣重要的是，智利的民營年金制度加強了該國的資本市場，並刺激經濟成長。國內儲蓄率增加到國內生產毛額的26%，自一九八四年起，平均每年經濟成長率超過5%。如今智利民營年金系

統的總資金已超過1,200億美元,是智利GDP的80%。

　　簡言之,智利提供美國社會安全制度一個成功民營化的榜樣。根據皮涅拉的看法,將隨收隨付制度改成真正的儲蓄計畫,會顯著增加美國的資本形成和經濟成長,儘管這個改革在美國牽涉的轉型問題一定會比小國寡民的智利嚴重得多。有些經濟學家仍然反對民營化社會安全制度,但大多數經濟學家願意在聯邦保險稅捐法之下,以小比例的稅額來做實驗,看看後果如何。例如,布希總統提議將其中的兩個百分點分配給個人投資帳戶,但這個提案至今尚未通過。很多媒體表態支持智利模型,包括《時代》雜誌(*Time*)和《商業週刊》。根據《商業週刊》報導(一九九六年七月六日封面故事「經濟成長:一個建議」),若將社會安全制度改成一個完全提存準備的年金計畫,附帶個人儲蓄帳戶,到了二○二○年,可提高國民儲蓄和增加25%的工廠與設備,並顯著提高經濟成長率。大量資金流入證券市場,會大大降低資本成本並鼓勵投資。已故的麻省理工學院教授魯迪・杜恩布旭(Rudi Dornbusch)厭惡供給面經濟學,贊成民營化社會安全制度和教育,認為那是經濟成長的兩個主要來源。根據杜恩布旭,民營化造成的資本形成會促使實質工資升高,因此長期而言,可以解決生活水準逐漸下降的問題。[5]荷西・皮涅拉認為,如果中國採行個人帳戶制,會帶給社會安全改革最大的助力。「然後美國就不得不採取行動;否則它會十分難堪地落在全世界之後。」

　　接下來讓我們仔細看看美國社會安全制度,以及為什麼有些經濟學家力主大刀闊斧改革。

第6章
呼籲社會安全改革

有強烈理由主張減少政府預算在健康服務方面的角色，除了
提供最低限度的健康服務。

—— 維托・坦齊（Vito Tanzi）與
盧德格・舒克內希特（Ludger Schuknecht）[1]

不久前在一場投資理財討論會上，我問台下數百名投資者：
「你們當中有多少人領食物券？領的人請舉手。」沒有一
隻手舉起。接著我問，「有多少人領社會安全或聯邦醫療保險
（Medicare）？」半數聽眾舉手。（參加理財討論會的投資者多半
超過六十五歲。）

我又問：「有多少人總有一天會領社會安全和聯邦醫療保
險？」每個人都舉手。最後我問：「有多少人認為在你有生之年
會加入食物券計畫？」頓時，所有舉起的手唰一聲放下！

那是戲劇化的一幕，事後我常想起。每一位在場者若非正在
領社會安全與聯邦醫療保險，就是預期有生之年會領。但沒有一
人認為他們有一天可能會申請食物券。

為什麼不？事實上，這些富有的投資者不符合領取食物券的
資格。食物券是一個社會福利計畫，限於非常貧窮的人；你必須
通過財力審查（現行標準是一家四口年收入不超過25,000美元）

才能領取，而且出席投資討論會的美國人多半不需要食物券。另
方面，社會安全與聯邦醫療保險是全民社會保險計畫；儘管大多
數美國人負擔得起自己的退休計畫和醫療保險，人人仍然納稅給
這些計畫，直到六十五歲（有時更早），人人領取福利。選民關
切社會安全和聯邦醫療保險甚於食物券，這還需要懷疑嗎？

　　表6.1顯示食物券計畫與社會安全與聯邦醫療保險的強烈對
比。

表6.1　美國社會福利計畫

計畫	涵蓋人口（百萬人）	目前領取者（百萬人）	年度總支出（十億美元）
社會安全	153.8	52.2	495.1
聯邦醫療保險	157.5	40.0	297.4
食物券	23.9	23.9	27.0

資料來源：社會安全署；美國農業部；美國預算。社會安全與聯邦醫療保險的涵
蓋人數是二〇〇二年資料。其他數字都是二〇〇四年資料。

何不提供「食物保險」？

　　假設美國總統提出一個新的福利計畫叫做「食物保險」
（Foodcare）。既然對每一個美國人來說，食物比起醫療保險或退
休金更不可缺少，那麼他合理的聲稱，食物券計畫應該擴大並且
全民化，像社會安全與聯邦醫療保險一樣，讓人人有資格領食物
券並透過特設的食物券稅，付費給這個計畫。假設國會同意並通
過新福利法。於是，突然間，美國從二千四百萬人領食物券，變
成超過一億五千八百萬人開始繳食物券稅和領食物券，可能占家

戶預算的十分之一。

　　你認為這個全民食物保險計畫對食品業會有什麼影響？我們會不會面對前所未見的成本、繁瑣手續、濫用舞弊，以及強大的既得利益團體要求更好、更無所不包的食物保險？假設零食不包括在食物保險內──民眾會不會開始要求政府支付這個新的應享權益？他們會不會抱怨零食價格漲得太快？換言之，一旦你走上這條不歸路，政府將不可避免在「食」這件事上愈陷愈深。路德維希・馮・米塞斯說的對，「走中間路線的政策導致社會主義。」[2]

　　幸虧這個夢魘似的食物保險計畫不是真的。食物券計畫就算存在濫用和浪費現象，但相較於譬如聯邦醫療保險，較少效率問題，後者因昂貴的詐欺和浪費而聲名狼籍。令人關注的是，自一九九五年以來，美國領食物券的人數已從約二七○○萬人降到二四○○萬人以下，而成本只上升了一點點，從228億美元增加到270億美元。社會安全或聯邦醫療保險的成本和範圍可曾減少過？從來沒有。

安全網或拖網？

　　結論很清楚。政府福利制度──如果應該存在的話──應圍限於幫助那些真正需要幫助的人。福利應該是安全網，不是大魚小魚蝦米一網打盡的拖網。成立社會安全與聯邦醫療保險制度是一個悲慘的錯誤，它使每一個老百姓在某個時間點都變成國家的囚徒。我相信，如果羅斯福總統在一九三五年構思的社會安全是一個僅限於沒有能力提前做財務規畫的弱勢者的退休計畫，它會是一個相對比較便宜的福利計畫，納稅人最多只需要繳薪資2～3%的聯邦保險「捐款」，而不是現在的12.4%。如果詹森總統在

一九六五年提出的醫療補助計畫（Medicaid）僅僅是一個限於窮人的醫療與住院補助計畫，今天納稅人只會繳薪資的0.5%給醫療福利，而不是2.9%。相反的，這些制度被設計成全民共享，明顯違反第一章描述的福利原則，而且疊床架屋情形極為嚴重——且無必要。

因為人人付費，而且最後人人受益（直至死亡），我們對這些權益未必思考清楚。舉一個例子：一位股票經紀人最近告訴我，他的客戶打電話給他，忿忿不平地抱怨國會企圖修改聯邦醫療保險。客戶氣憤地說：「他們愛砍什麼支出儘管去砍，但甭想碰我的聯邦醫療保險！」股票經紀人一邊耐心聽客戶長篇大論抱怨，一邊在電腦螢幕上調出客戶的帳戶。這位客戶的帳戶值一百多萬美元！如果有誰負擔得起自己的醫療保險計畫，非此人莫屬。他不需要聯邦醫療保險。但他把聯邦醫療保險當作他的權利。他繳了一輩子錢給這個計畫，他應該得到福利。

想想看，如果我們有食物保險，這位先生會怎麼罵國會和食物價格。

第7章

每個月從社會安全領 4,000 美元？

社會安全制度至少還會好好地維持收支平衡二十年……東西沒壞，不要亂修。

── 羅伯‧庫特納（Robert Kuttner）教授
《商業週刊》，一九九五年二月二十日

政治評論家及前哈佛教授羅伯‧庫特納的看法屬於少數。大多數專家認為，社會安全制度在未來二十年內會出大問題。存放在社會安全信託基金內，應妥善保管的錢，被管理得亂七八糟。由於退休族越來越長壽，為了支付目前受益人每個月的社會安全支票，基金年年被挖掉一塊。在後續補充的資金漸少，而領取者日眾的情況下，系統很可能在未來二十至五十年內破產。

社會安全制度運作如下：它的資金來自聯邦保險稅捐法名目下徵收的薪資稅，由員工和雇主各付一半（6.2%）。不過，社會安全不是儲蓄計畫。它是所謂的「確定給付制」（defined benefit），用目前稅收支付目前給付。自一九八三年起，每一年稅收及其他收入都超過支出，結餘存入社會安全信託基金（目前總額約 2.1 兆美元）。累積的結餘被投資於美國財政部發行的債券。由於這些結餘投入美國國債，它幫忙彌補聯邦政府每一年的

赤字，隱藏了財政短絀的真相。合格勞工獲得退休俸和傷殘補助的保障；如果受保人死亡，其配偶和未成年子女可以獲得遺屬撫卹。但如果死者沒有配偶或未滿二十一歲的子女，社會安全支票即嘎然而止。單身或喪偶者繳了一輩子錢給這個系統，萬一不到六十五歲就死了，所有的錢等於白繳，無法從社會安全領到1毛錢。

社會安全制度前途堪虞。據估計，到了二○一八年，它的支出將大於收入。除非我們現在有大約11兆美元，存在銀行裡生息，否則不能償付這個項目所有應償的債務。經濟學家已建議幾種解決辦法，包括：加稅、取消薪資上限、減少給付、增加國債、削減其他政府計畫，以及實施個人退休帳戶（如第五章所述）。

庫特納教授、美國退休人士協會（AARP）及其他擁護現行社會安全制度的人，反對將社會安全制度做任何更動。但真正議題不在於這個國民年金制度是否具備足夠的償付能力。問題也不在於是否減少社會安全給付、延後退休年齡、增加排富條款，或再度提高聯邦保險稅捐法稅率。國會試過上述每一種辦法，而系統依然根基不穩。

真正的問題很簡單：社會安全是一個蹩腳的退休計畫，結果形成巨大累贅，拖累了美國經濟及其他所有實施類似計畫的國家。聯邦保險稅捐法從所有勞工和所有企業的口袋裡挖走一大筆錢。其稅率從一九三七年占薪資的2%，最高60元，到今天的12.4%，最高12,000元，已經漲了十七次之多。專家預測，為了應付二○一五年以後的支出，聯邦保險稅捐法稅率必須提高到稅前收入的17%，進一步侵蝕工人將部分所得存入個人儲蓄和投資帳戶的能力。這種瘋狂行徑何時才會停止？

可悲的諷刺是，社會安全制度是一個強迫儲蓄計畫，卻不貢獻1毛錢給真正的儲蓄。原因是，社會安全系統採隨收隨付制度。稅收左手進右手出，直接用在給付上。聯邦保險稅捐法的稅收若非拿去（1）付給目前領社會安全退休金的人，讓他們用這筆錢支付日常開支，就是（2）進了社會安全信託基金，該基金將所有的錢投入國庫券，意即用來支付政府日常開支。簡言之，薪資稅被花掉了，而不是存起來。如約瑟夫‧史蒂格里茲（Joseph Stiglitz）教授所言：「社會安全計畫是一個租稅計畫，不是儲蓄帳戶。」

社會安全制度與個人退休帳戶之比較

想想看，如果社會安全稅存入個人退休帳戶（IRA），受薪者可以用這筆錢來投資股票和債券，結果會怎樣。換言之，如果社會安全基金投資於自由企業資本主義，也就是，股票指數基金，而不是政府移轉支出項目（government transfer program），後果是什麼？

麻州波士頓市的道富環球投資管理公司（State Street Global Advisors）首席合夥人威廉‧希普曼（William G. Shipman）在一九九五年做了一項這樣的研究。[1]他分析兩位工人，一位收入僅及全國平均工資（一九九五年約為12,600元）的一半，另一位工資達到社會安全承保的最高收入水準（61,200元）。低收入者在一九九五年退休，每個月可以從社會安全領到551元。但如果他在工作期間可以把他繳的社會安全稅拿去投資保守的美國股票，他餘生每個月可以領一筆1,300元的退休金，幾乎是他的社會安全收入的三倍。

高收入者的成果甚至更佳。如果他今天退休，他每個月會從社會安全領到1,200元。如果他將這些年繳的社會安全稅長期投資於股票，他每個月可以獲得一筆4,000元的退休金。在我看來，這才叫作有尊嚴的退休。

　　此外，根據希普曼的研究，如果允許一九七〇年出生的人將他們目前繳納的社會安全稅投資於股票，這些人可獲得高達11,729元的月退休俸，幾乎是六倍於他們在社會安全制度下的預定收入。即使是低工資勞工，如能省下薪資的12%，也能獲得三倍於社會安全給付的報酬。（這項研究根據股票指數基金的歷史報酬，假設投資報酬率約為10%。）他的結論是，社會安全是一個拙劣的投資計畫和可悲的資源浪費。

　　更惡劣的是，不論收入高低，任誰都不是自己的社會安全福利的真正主人。真正的儲蓄可以留給繼承人，但如果一個人英年早逝，他的社會安全福利的指定「受益人」是政府。社會安全制度號稱公平和平等，但如果一個勞工領三十年福利，另一個只領很少或1毛都領不到，只因為他死得早，這算哪門子的公平？

　　今年將會有5千多億美元抇注到社會安全體系。此外，預留給未來給付的社會安全信託基金，現值2.1兆美元，且持續增加中。想像如果這些錢全部投入資本市場，是什麼情境。想像如果社會安全信託基金可以交給彼得‧林區、華倫‧巴菲特或甚至一個指數基金來管理，是什麼情境。

　　事實上，私部門面臨了一個和社會安全制度目前所面臨的非常相似的問題：幾十億已承諾付出，卻無資金準備的負債。因為人們現在更長壽，也因為他們的信託基金被投資得太保守。在下一章，我們看看大型民營公司怎樣解決這個問題。

第8章

私部門如何解決自己的年金危機

在所有社會制度中，唯有企業是為了製造和管理變革的明確目的而創立⋯⋯政府是差勁的管理者。

—— 彼得・杜拉克（Peter F. Drucker）[1]

在社會安全是否應該民營化的持續爭論中，有一個故事被忽略了。美國民間企業部門已經遭遇退休基金問題並且解決了。

故事來龍去脈如下：二次大戰後，美國大公司為了節稅，在其員工福利項目中增加了慷慨的退休金計畫。這些「確定給付制」計畫主要是模仿聯邦政府的社會安全計畫。公司按員工的提撥，提供相對配合款；這些錢匯集成一個大型投資信託基金，由公司幹部管理，並預計每一位員工年滿六十五歲退休時可以月領的退休俸。

管理大師彼得・杜拉克高瞻遠矚，最早看到這個看不見的革命之影響，他稱之為「退休基金社會主義」，因為這個酷似社會安全的公司退休基金占美國投資資本的比例越來越大。[2]杜拉克估計，到了一九九〇年代初，半數股票和債券將控制在退休基金管理者手中。

但杜拉克（他很少失誤）並未料到公司退休計畫會發生一場

新的革命——快速轉變成個人化的「確定提撥制」計畫，特別是401(k)計畫。公司高層意識到傳統的確定給付制存在嚴重困難，與社會安全制度目前面對的問題一模一樣。因為退休員工活得更久，也因為基金經理太保守地投資於政府債券和績優股／舊經濟股，公司面對已承諾付出，卻無資金準備的龐大債務。當年資較淺的員工離職或被裁員時，他們也很生氣，因為他們未達到公司退休計畫規定的最低服務年限，其權益不受保障，不能領取福利。和社會安全不同的是，大部分公司的退休計畫不可轉移。一九七四年通過的員工退休俸保障法（ERISA），為了保障退休權益，對產業施加各種規定，但在企業瘦身、工作流動和平均壽命延長的時代，造成更多頭疼問題、繁瑣手續和訴訟案件。

新的解決方案：個人化401(k)計畫

企業採取的新辦法是從另一個立法產物——個人退休帳戶（IRA）——衍生出來的。401(k)迅速成為企業界的首選退休計畫，而且一旦選擇就不能回頭。這些確定提撥制計畫解決了傳統確定給付制計畫所面對的一切頭疼問題。在401(k)計畫下，公司幹部不再管理退休基金，而是讓員工選擇各種免佣金的共同基金，自己管理自己的投資。公司不再面對潛藏負債問題，因為沒有保證的預計給付。低層勞工和高階主管都擁有完整的流動性；他們可以帶著自己的401(k)儲蓄去新的雇主或轉存到個人退休帳戶。

根據美國勞工部的最新統計，幾乎所有最新的公司退休制度都是確定提撥制，不是確定給付制（見圖8.1）。《財星》五百大公司幾乎全部改成確定提撥制或混合式的「現金餘額」（cash-

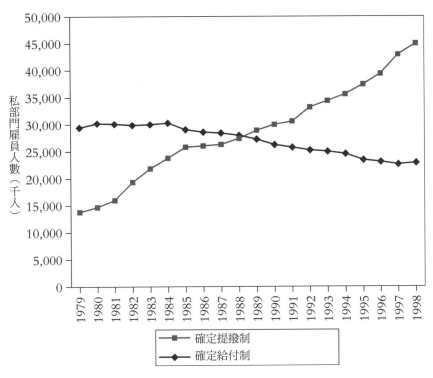

圖8.1　確定給付制減少；確定提撥制增加

http://www.epinet.org/Issueguides/retire/charts/dbdc_600.gif

balance）計畫。仍維持舊制的公司包括通用汽車、寶僑公司、達美航空和紐約時報公司。IBM這家曾經保障終身雇用的公司，於一九九〇年代末轉換到現金餘額計畫，給予十萬員工個人退休帳戶，員工如果在退休前離職，可以將帳戶裡的錢全數帶走。同時，長期員工仍適用IBM的舊確定給付計畫。但幾乎所有「新經濟」公司，如微軟、AOL和家得寶（Home Depot），都只提供401(k)計畫。

為什麼社會安全制度需要改革

　　國會可以從研究美國企業的退休基金改革學到很多東西。事實上，社會安全制度比大部分公司退休計畫的處境還糟。由於進入社會安全信託基金的提撥款還不到四分之一，這個政府計畫其實更像隨收隨付制，甚於確定給付制，後者大部分資金留在公司管理的信託基金。因此，無資金準備的負債，或薪資稅缺口，在未來七十五年將超過20兆美元。為了支付如此眾多的目前受益人，國會必須一再提高薪資稅率，現在已經加到沈重的12.4%，到了二〇一五年還得再加50%，才夠填補越來越大的缺口。[3]很少公司的退休計畫需要這麼高的提撥比例。

　　此外，社會安全信託基金被管理得很差，差到如專家所言，對單薪夫妻來說，社會安全的年報酬率是3.5%，對雙薪夫妻和單身納稅人來說，年報酬率僅1.8%。[4]

　　顯然，將社會安全改成個人投資帳戶不但是向正確方向跨出一步，而且與智利及其他三十多個國家所做的國民年金改革同步。遺憾的是，政府難得創新，不像企業。如杜拉克所言：「政府能增加腰圍和體重，但不能增長體力或智慧。」[5]

第9章

幸福的四大源頭

錢是其中之一嗎？

我厭倦愛情，更厭倦詩詞，但錢總是令我歡喜。

—— 海萊爾・貝洛克（Hilaire Belloc）

如能為退休做好準備，存更多錢，更妥善投資，美國人無疑可以期待黃金歲月。退休時有更多錢可能是好事，但錢能買到幸福嗎？經濟學研究已飄到一些不尋常的角落。這個領域有一個日漸壯大的分支叫做「幸福經濟學」，受到新一代經濟學家重視。我偶然讀到一本非常有趣的書，叫做《幸福與經濟學：經濟和機構如何影響人類福祉》（*Happiness and Economics: How the Economy and Institutions Affect Human Well-Being*），作者是布努諾・費萊（Bruno S. Frey）和阿路易斯・史督哲（Alois Stutzer）兩位經濟學家。這是一本專業性質的書，裡面有很多圖表和數學公式，但它的目的不是測量有形的盈虧損益，而是抽象的幸福滿足感。

兩位作者的結論相當明確：「普遍結果似乎是，幸福和收入確實正相關。」[1]換言之，錢也許不能直接買到幸福，但它能提供很多好處，包括更大的機會、更高的社會地位，還有旅行及享受更好的食物、住宅、醫療和娛樂的能力。數項研究顯示，較富裕

的人壽命較長。簡言之，錢能滿足非常值得嚮往的需求。

我記得當我發現自己能夠經濟獨立的那一天。一九七〇年代末的一個夏日，我下班回家，交給我太太一疊十來張支票，那是我創辦的郵購業務賺到的。一年內，我們買下第一棟房子，付了20%的頭款，到了一九八四年，我們已有足夠財力，可以舉家（帶著四個孩子）遷到巴哈馬去「退休」。那種經濟上安全無虞的感受，帶給我太太瓊安和我不可思議的滿足感。當然，我們並沒有真正退休。我們利用空閒時間讀書寫作、駕帆船、陪孩子成長，並參與當地劇團、私立小學和教會工作。[2] 最後我們還是回到本土，但維持半退休身分。

為什麼大多數窮人不快樂

圖9.1顯示世界各國的所得與幸福之間的關係。一般而言，窮國人民較富國人民不滿足。一個原因是，窮國通常較容易陷入暴力和動盪局勢。費萊和史督哲表示：「人均所得較高的國家，通常擁有比窮國穩定的民主……所得愈高，人權愈有保障，平均健康愈好，所得分配愈均等。因此，人權、健康和分配平等似乎可能使幸福感隨著所得一起升高。」[3]

但這張圖也顯示，金錢帶來的幸福也受到報酬遞減的困擾。主觀幸福隨著所得升高，但一旦超越某個臨界點，所得對幸福就很少或毫無影響。很多富人體驗到這個報酬遞減定律，並不比中產階級快樂。事實上，有些富人壓根兒就不快樂。費萊和史督哲斷言：「物質帶來的更大快樂會逐漸消失。」

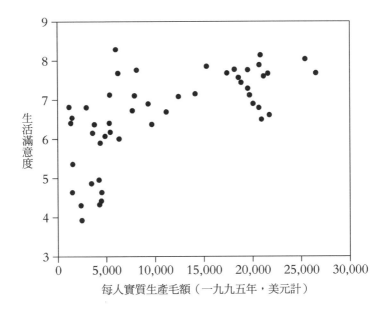

圖9.1　幸福度和每人所得之間的關係

資料來源：布努諾・費萊，《幸福與經濟學：經濟和機構如何影響人類福祉》

幸福的四個元素

　　多年前我讀過一篇佈道文談「幸福的四大源頭」。牧師舉出工作、休閒、愛和信仰。他的意思是什麼？

　　首先，你必須找到有報酬和誠實的工作才能快樂。勤奮工作和企業精神提供機會去創造剩餘財富。有錢存在銀行裡，除了帶給你真正的安全感，還給予你自由去做自己想做的事。此外，調查顯示失業者認為自己對社會或對自身沒有貢獻，因此普遍不快樂。

其次，休閒對你的幸福不可或缺。偶爾放下工作休息一下是有益身心的。消遣和嗜好是幸福生活的必要元素。花太多時間在辦公室，不能同家人或朋友在家裡輕鬆相處的人，需要學習休閒之樂，培養一種興趣、運動、旅行或其他嗜好。我最難忘的時光包括了跟朋友打壘球或籃球，週末和家人去旅行，或逛書店。

其三，愛情和友情也是幸福的要素。人人需要可以傾吐心事，可以消磨時光，可以學習，可以一起回憶，可以愛人和被愛。對大多數人來說，愛情和友情需要時間和精力。友誼必須悉心培養，但報酬源源不斷。

最後，信仰。牧師表示，培養一個人的性靈面是幸福的必要條件。我的一些朋友說，他們不需要宗教，但我認為他們錯失了人生一大樂趣——聆聽精采的佈道，唱聖詩，冥想福音，從事慈善工作，祈禱上帝幫忙解決事業或家庭問題。

且讓我以挪威劇作家易卜生（Henrik Ibsen）一節愉快的詩來結束這一篇，他對金錢的作用做了恰當的解釋：

> 錢也許是很多東西的外殼，但不是核心。
>
> 它帶給你食物，但不是食慾；
>
> 醫藥，但不是健康；
>
> 熟人，但不是朋友；
>
> 僕人，但不是忠誠；
>
> 聲色之娛，但不是安寧或幸福。

第二篇

經濟學家
進入公司董事會

經濟學家能不能改善公司資產負債表的底線？絕對能。經濟學家已影響企業，採用經濟附加價值（Economic Value Added，簡稱EVA）去衡量資本的機會成本；建立公司各部門間的競爭性；鼓勵經理用認股權、決策權及其他所有權策略來激勵員工；減少公司退休計畫、醫療保險及其他員工福利的浪費和無效率。接下來兩章詳述經濟學家如何改變美國企業景觀。

第10章
別相信傳統會計方法

EVA是新的利器

直到一個企業賺的利潤大於它的資本成本之前，它的營運是虧損的。

——彼得·杜拉克

英國政論家（及經濟學家）沃爾特·白芝浩（Walter Bagehot）曾說：「沒有一個真正的英國人曾私底下為一個經濟學家之死感到難過。」

在大西洋彼岸的美國，為數不少的證券分析師和基金經理，對於提出效率市場假說並證明95%的專業人士的選股本領比不上一隻矇眼猴子的經濟學家，恐怕也有同感。高薪的華爾街分析師不喜歡被人拿來跟看不見的猴子做比較。但華爾街和學術界經過幾十年的唇槍舌戰，最後蛋頭學者贏了這場辯論。指數基金——教授最愛的投資工具——現在是華爾街成長最快的部門，雖然如前幾章所述，有些經濟學家已修正效率市場理論。

最新一個對白芝浩的話有同感的團體是會計師。過去十年，象牙塔裡的經濟學家（主要是在管理學院教現代金融理論的教授）把矛頭對準會計部門，指責他們不考慮資本的全部機會成本，意即如果股東把錢投資到別的地方可能賺取的利潤。

會計利潤是真的嗎？

多年來，經濟學家一直批評傳統的會計方法扭曲了公司的真實財務狀況，因為普通股價的成本未納入收益報告和資產負債表。公認的會計原則似乎把股權看成是免費的。因此，股票上市公司公布的每季財報顯示大量盈餘，實則虧損。「除非公司盈餘足以支付正常的投資報酬，否則不算真正獲利。」思騰思特管理顧問公司（Stern Steward & Co.）資深副總裁艾爾・厄巴爾（Al Ehrbar）表示，該公司是EVA —— 一種新的企業績效評核方法——的專家。[1]

什麼是EVA？EVA是「經濟附加價值」（亦稱經濟利潤，或剩餘收益）。基本上，EVA是一個確切衡量資本的機會成本的標準。多年來，機會成本是一個只有教授才懂的含糊概念。「機會成本」一詞是奧地利經濟學家費德里克・維塞爾（Friedrich Wieser）在二十世紀初首創，指一切人類活動都涉及放棄其他機會的普遍原則。當你買一支股票、借錢予人或創造一個新產品時，你放棄了把這筆錢投資到其他地方的機會。如果你投資一支飆升的電腦股，你就不能買國庫券。如果你蓋一棟新辦公大樓，你的錢就綁在鋼筋水泥上好幾年，不能投資於美國電報電話公司（AT&T）。

EVA是古典經濟學和現代金融理論的實際應用。奧地利學者率先提出機會成本的概念，諾貝爾獎得主默頓・米勒（Morton H. Miller）與法朗哥・穆地里安尼（Franco Modigliani）將此概念應用在他們的廠商模型中，以判斷資本的真正價值。一九八〇年代，班尼特・史都華三世（G. Bennett Stewart III）創造EVA，做為一個衡量企業機會成本的財務尺度。

EVA 相當容易計算：它是稅後營運利潤減去負債和股權兩者的適當資本成本。如果一家公司發行公司債，機會成本是按國庫券利率（目前約4～5%），加上發行者的信貸風險來計算。如果公司發行股票，機會成本是用股市長期年度報酬率來計算，大約10～12%。簡言之，EVA承認投資者必須賺取足夠利潤來彌補其投資資本所承擔的風險。

如果一家公司的盈餘大於這些機會成本，它就為股東增加了價值，並在世界經濟體系創造了財富。所以有「經濟附加價值」之說。如果EVA是正數，股東和經濟體都對底線做出真正貢獻。否則，這家企業就應該關門，將股東的資本投資到國庫券或某個指數基金。如英國經濟學家約翰‧凱（John Kay）所言：「長期而言，在競爭市場上，不能增加價值的公司不會存活，也不配存活。」[2]

行，那麼EVA對公司經理有什麼好處？EVA分析幫忙評估潛在的收購、擴張計畫和不良資產，並協助淘汰低利潤率的業務，一旦將所有成本計算在內，經營這些業務顯然得不償失。EVA也被當作一個獎勵制度，用來激勵經理和員工。員工紅利聯結經濟盈餘，而非僅是會計盈餘，EVA已證明能有效地提高生產力。

EVA已在商業世界造成顯著影響。目前已有三百餘家大公司，包括可口可樂、禮來製藥（Eli Lilly）和健康食品超市（Whole Food Market），把EVA當作一個資本課責工具，以強化「除非公司盈餘足以支付正常的投資報酬，否則不算真正獲利」的概念。高盛證券和第一波士頓銀行等機構的華爾街分析師，用EVA來評估股票。厄巴爾認為，EVA預測股票的表現和市場價值比其他任何會計量度準確，包括股東權益報酬率、現金流量、

每股盈餘或營業額。EVA促使公司幹部更明確地專注於創造股東價值及更高股價。思騰思特是一家專門應用EVA的公司，發表美國前千大公司的年度EVA報告。英特爾已蟬聯數年EVA評比冠軍，通用汽車則敬陪末座。

EVA贏了戰役

會計師仍牢牢掌控公司財報呈遞的方式，但EVA的成功迫使他們不得不注意。五大會計公司全都提供EVA式的統計數值給它們的客戶。如今大部分會計學教科書都用顯著篇幅討論經濟附加價值、經濟利潤或剩餘收益。舊版會計學教科書根本不提EVA或機會成本。

還想知道更多嗎？看看艾爾‧厄巴爾寫的非常易讀的《經濟附加價值》（*EVA*），或約翰‧凱的傑作《廠商成功之道》（*Why Firms Succeed*）。亦可上網查看：www.eva.com。

我喜歡EVA。使用它的公司似乎在創造財富和股東價值上表現較佳。但它也許有潛在的缺點。EVA給公司經理帶來巨大壓力，逼迫他們追求超過預期的績效，及創造持續高於平均值的利潤。想想看，除非你的公司或部門打敗去年的道瓊工業平均指數，否則就不算真正獲利。這個標準可以令人心灰意冷。猜猜看，貴公司的EVA在下一次經濟衰退時表現如何？搞不好人頭落地。有些經理可能想加入華爾街分析師和會計師行列，去槍斃那些憂鬱的科學家。

第11章

米塞斯如何幫忙建立世界
最大的非上市公司

當我學習經濟學入門概念，如機會成本、主觀價值和比較利
益，我本能地開始在我們公司應用這些知識。
　　——查爾斯・柯克，《成功學》（*The Science of Success*）

匠人拋棄的石頭變成主要的基石。

　　　　　　　　　　　　　　　　　　　——詩篇118：22

奧地利經濟學家路德維希・馮・米塞斯在其著作《反資本主
義的心境》（*The Anti-Capitalist Mentality*）中，不留情面
地臧否企業領導人，「成功的企業家與這個國家的著名作家、藝
術家和科學家很少互動。大多數『社會名流』對書本和思想不感
興趣。」[1]

　　米塞斯會發現查爾斯・柯克是例外，這位七十一歲的CEO
運用一小撮學院派經濟學家的大構想，將他父親在堪薩斯州威奇
塔市的石油與天然氣事業，轉型成全世界最大的非上市公司柯氏
工業集團（Koch Industries）。他的新書《成功學》（Wiley &
Sons出版，二〇〇七年）大量引述經濟學家和社會思想家，諸
如亞當・斯密、海耶克、熊彼得、愛因斯坦、丹尼爾・布爾斯汀

（Daniel Boorstin）、邁克・博藍尼（Michael Polanyi），不僅如此，還六次引述米塞斯長達九百頁的鉅著《人的行為》（*Human Action*）。安・蘭德（Ayn Rand）地下有知也會為這位當代的約翰・高爾特（John Galt）感到驕傲。（譯註：高爾特是蘭德的名著《阿特拉斯聳聳肩》〔*Atlas Shrugged*〕中的虛構人物，透過其口表達蘭德對理想政府的想法。）

凱因斯有句名言：「務實的人以為自己不受任何知識分子影響，卻通常是某位已故經濟學家的奴隸，」[2]用在查爾斯・柯克身上十分貼切。唯有天才方能將艱澀的經濟理論化為賺錢的企業，這正是柯克所做的，利用奧地利經濟學派的象牙塔概念，創造一種已註冊商標的企業模式，叫做「基於市場機能的管理哲學」（Market-Based Management）。

奧地利學派的影響

為什麼是奧地利學派？我敢說幾乎沒有一個大學或企管學院畢業生聽過米塞斯、海耶克等自由放任經濟學派的成員（也許除了熊彼得，他以「創造性破壞」的概念聞名）。奧地利學派在大蕭條時期被羅織罪名逐出學術界，並從今天大部分教科書中消失（我的書是例外）。奧地利經濟學派強調失衡狀態、動態的「創造性破壞」、異質資本（heterogeneous capital）、結構性失調及總體崩解（macro disaggregates），在凱因斯干預主義、貨幣總量和計量經濟模型大行其道的今日世界，幾無立足之地。

因此，企業領導人如果知道奧地利學派，通常是自學的。柯克以求知慾旺盛，飽覽群書聞名，他發現米塞斯和海耶克，很可能是因為他的工程背景（柯克擁有三個麻省理工學院工程學

位），因為奧地利學派強調生產階段和動態的「創造性破壞」，對工程師頗具吸引力。

奧地利學派這顆被拋棄的石頭，已成為柯氏的中心思想。今日，成千上萬名柯氏工程師和經理在學習米塞斯和海耶克的學說。兩年前，柯氏在威奇塔州立大學成立「基於市場機能的管理學院」（Market-based Management Institute，www.mbminstitute.org），奧地利學派的方法論是其核心課題。也許有一天哈佛和史丹福大學的企管研究生會被指定閱讀米塞斯的《人的行為》或海耶克的《個人主義與經濟秩序》（*Individualism and the Economic Order*）。沒有一件事比一個大獲成功的故事更能改變商學院的教學法。

放眼望去，今日的商場上沒有比柯氏工業將自己轉型成一個巨大的原物料與金融集團更大的成功故事。一九六七年，當查爾斯‧柯克的父親過世，他繼任為岩島石油與煉油公司（Rock Island Oil & Refining）最高執行長時，該公司只是堪薩斯州威奇塔市一個普通成功的企業。他將公司改名為柯氏工業以紀念他的父親，繼而在接下來四十年，透過驚人的成長和積極的併購，將佛瑞德‧柯克（Fred Koch）的遺產變成世上最大的非上市公司。但柯克先生的崛起並非只靠投資於優質公司（那是巴菲特的致富之道）；反之，他經營那些公司。柯氏工業生產諸如Stainmaster地毯、萊卡（Lycra）彈性布和Dixie免洗杯等知名品牌。加上三年前買下喬治亞太平洋公司（Georgia Pacific），目前柯氏工業在全球六十個國家有八萬名員工，二〇〇七年營收為1,000億美元。只花了一代時間，柯氏工業的帳面價值增加了兩千多倍。這個數字換算成18%的年複利報酬率，和巴菲特的波克夏‧哈薩威公司的長期績效旗鼓相當。下一個典範將從奧馬哈

轉移到威奇塔？

更令人驚奇的是，他在成就這一切的同時，還面對疲於奔命的家族和政府訴訟，經歷不計其數的生意失敗，而且他經營的是不以創新或新科技見長的成熟產業，如石油與天然氣、基礎工業原物料、紡織和畜牧。他最大的獲利多是來自企業重整。

他的公司何以能夠在一個非成長型的市場獲致空前成長，秘訣是什麼？柯克稱他的技術為基於市場機能的管理哲學（MBM）。多年來，隨著柯氏工業收購新企業（三十七家）和退出其他企業（四十二家），他和同仁一次又一次實驗這種管理哲學。柯克以進駐新的公司、增加營業毛利、減少間接費用並引進創新而聞名，這些創新集中在五個領域，他稱之為願景、品德與才華、知識流程、決策權和誘因。「願景」和「品德」之類的概念，不大容易跟《成功學》這個書名所暗示的精密準確連在一起。但柯克先生用工程師的分析眼光來處理它們。這些來自奧地利經濟學派的真知灼見，現已入侵商學院和企管課程。在柯克的指導手冊中，奧地利學派的資本機會成本的概念，現在改稱為「經濟附加價值」，財產權變成「決策權」，海耶克的正直行為準則，變成「有原則的企業家精神」。

儘管公司營業額比微軟、戴爾和惠普還大，查爾斯·柯克可能是你從未聽過的最成功企業家。這是因為柯氏工業不同於微軟或波克夏·哈薩威，而是一家股票不上市的私人公司，柯克非常重視這個地位。他不必擔心沙賓法案（Sarbanes-Oxley，譯註：二〇〇〇年代初美國爆發安隆、世界通訊等一連串公司財務會計醜聞，國會遂通過這條法案以規範公司治理）、每季盈餘，或高階主管認股權等扭曲股價的津貼。「反效果的誘因使得長期管理一家上市公司極度困難。」[3] 他寫道。

在哥倫比亞商學院教「基於市場機能的管理哲學」

　　當然，基於市場機能的管理哲學並不是像希臘神話裡的勝利女神雅典娜一般，全身盔甲完全長大成人地從天神宙斯的額頭蹦出來。多年來，許多企業和商學院已融合這些概念，諸如誘因、正直、內部利潤中心、地方自治、經濟附加價值、沉沒成本、比較利益、邊際價格分析，發展出各種「創造長期價值」的方法。（參閱詹姆・柯林斯〔Jim Collins〕所著的《從 A 到 A ＋》〔*Good to Great*〕，書中有很多個案研究。）這些市場概念顯然不是柯克的專利。但他遠遠走在時代尖端，不屈不撓系統化地應用「基於市場機能的管理哲學」之原則，他的書中充滿他的先進管理方法在真實世界的應用例子。（在《成功學》附錄中，柯克一口氣列出八十九個面向——他說那只是「一份不完整的清單」。）

　　例如，他敘述柯氏工業如何應用該方法，徹底整頓鬥牛士公司（Matador Cattle Co.）在蒙大拿州的比佛海德牧場（Beaverhead Ranch）。他們進行分析，找出「驅動獲利能力的主要因素」，包括成本、牛犢斷奶時的體重，及完全成長的牛隻體重或「載重」。柯克在書中報導，最後成本降低25%，斷奶體重增加20%，載重增加8%。這樣的升級實在不差。查爾斯將柯氏工業集團的成長歸功於他的弟弟大衛，讚美大衛的領導「使集團的製程設備與工程業務增長了五百多倍。」[4]但大老闆仍不滿意，抱怨他的公司在「基於市場機能的管理哲學」的實踐上，只有半數例子是成功的。

　　約翰・惠特尼（John Whitney）在哥倫比亞大學商學院教授「基於市場機能的管理哲學」多年，我接任之後，繼續用柯氏工業、健康食品超市（Whole Foods Market）和廣場出版集團（Agora Publishing）做為個案研究。這些公司在古典自由派CEO

的經營下，運用經濟策略來創造長期價值。柯克並不擁有這些市場概念的專利權，但他已登記「MBM」為註冊商標，其課程教材充滿許多成功和失敗的例子。

柯克的企業模式真的如他在《成功學》中聲稱的，是一門科學嗎？他不遺餘力證明他的管理方法可以普遍和客觀地應用。他在書中複製了一張來自遺產基金會（Heritage Foundation）的圖，顯示平均國民所得與經濟自由直接相關，亦即採取自由市場制度的國家獲致較高的經濟成長。基於同一理由，柯克表示，應用「基於市場機能的管理哲學」——指導性「看不見的手」原則——可以使頹敗的公司振衰起敝，使賺錢的公司更加賺錢。

但柯克的管理技巧可能遇到障礙。一個長期策略真的能在注重每季盈餘，且每六、七年就更換一次CEO的企業世界發揮效力嗎？員工承受得了競爭壓力嗎？工會、公司和政府三方都支持解除管制的環境，都摒棄應得權益的心態嗎？最大挑戰可能在於說服企業界，「基於市場機能的管理哲學」不只是意識形態，而是一個切實可行的處方，可用來創造長期財富。我在哥倫比亞大學開的課獲得企管系學生很高的評價，但偏執的系主任拒絕再開這門課，說它「太政治化」。（在哥大，哪件事不是「太政治化」？）查爾斯・柯克是政治自由意志主義的支持者，也是自由市場派基金會如卡圖學會（Cato Institute）及喬治梅森大學人道研究所（Institute for Humane Studies at George Mason University）的大金主。對許多商學院來說，科學與政治很難分開。

反凱因斯派、反國家？

柯克不是凱因斯學派的企業家。他反對終身雇用保障、自動

加薪、論資排輩制度、為提供就業機會而安排的無意義工作，或狷獗於大企業和高度工會化公司的應得權益心態。大部分柯氏工業的員工是工會成員，他們必須保持彈性才能保住飯碗。柯克積極尋找「Ａ」級或「Ｂ」級員工；被評為「Ｃ」級的員工必須改進，否則被炒魷魚。柯氏工業不會長久容忍失敗。我喜歡他的反馬克思主義口號——「各盡所能，各取所值。」

雖然打從骨子裡反對國家集權，柯克在書中揭露的一些事情會令自由意志論者吃驚。舉例來說，大多數自由意志論者實踐對國家統治的「最低度」服從，但柯克教導的是對環境及其他政府法規的「最高度」服從。在好訟成性的當今社會，不這麼做等於自殺：柯氏工業面對十五萬九千件官司，雇用了一百二十五位全職律師。但在此同時，他堅決反對政府給予企業租稅優惠和貿易津貼。

柯克的「基於市場機能的管理哲學」、有原則的企業家精神及其他已註冊商標的管理技術，至今只傳授給公司幹部和員工，他的指導原則總是罩了一層神秘的面紗。不過現在他已決定將他的經濟應用方法公諸於世。如果一家公司能採用亞當‧斯密的「利益和諧」原則當中的「看不見的手」原理，使顧客、工人、供應商和股東的利益協調一致，共同創造長期價值，結果可能是企業和社會雙方都出現爆發性的成長。這是查爾斯‧柯克的企業模型傳達的強烈訊息。我不輕易使用革命性一詞。這個新的管理策略確實可以革新每一家公司、每一個政府和非營利組織。但它需要下重藥，也需要新的企業家精神。有可能實現嗎？柯克先生證明了這個可能性，他的公司享有，天吶，比微軟還大的營業額。

第三篇

解決內政問題

經濟學家常擔任政府顧問,解決國內經濟問題,如稅賦、支出和國債。接下來七章說明經濟這一行如何展翅高飛,進入新天地,包括:健康、教育、交通、犯罪、運動、拍賣,甚至文學。

第12章
瞧，女士，不塞車！

交通堵塞堵住了我們城市的動脈……高乘載收費道及其他以價制量的策略最有希望改善所有美國人的流動性。

——羅伯・蒲爾二世（Robert W. Poole, Jr.）

理性基金會（Reason Foundation）交通研究部主任

在重要層面上，倫敦塞車費的施行是經濟學的勝利。

《經濟展望期刊》（*Journal of Economic Perspectives*）[1]

高速公路本應暢通無阻，但它們反而經常耗費大量時間和金錢並造成壓力。無效率的街道和公路使用，也是環境污染和濫用稀有資源的一大來源。如今無處不塞車，而且情況越來越嚴重。如果列一張高速公路恥辱榜，下述州際公路一定上榜：

- 洛杉磯US-101與I-405交流道，造成每年二七〇〇萬小時以上延誤。
- 休士頓I-610與I-10交流道，造成每年二五〇〇萬小時以上延誤。
- 芝加哥I-90/94與I-290交流道，又稱圓環交流道，造成每年二五〇〇萬小時延誤。
- 鳳凰城I-10與SR-51交流道，造成每年二二〇〇萬小時延

誤。

- 洛杉磯I-405與I-10交流道。這條聖地牙哥高速公路交流道造成每年二二〇〇萬小時延誤。
- 華盛頓I-495環城快道，每天上午和下午尖峰時段都陷入動彈不得的交通堵塞數個小時。

艾森豪州際公路系統，大部分興建於一九六〇和一九七〇年代，已跟不上使用這些道路的車輛增至三倍的成長速度。根據美國交通部保守估計，美國每年因公路堵塞損失1,680億美元。聯邦公路管理總署統計，二〇〇四年全國貨車運輸系統因交通延誤損失了兩億四千三百零三萬兩千小時。交通延誤和堵塞也耽誤了救護車和警車及時趕到目的地的寶貴時間。交通阻塞造成生命損失。

交通延誤在市區內也司空見慣。十字路口的號誌燈系統很少以最理想的方式運作。市民和工程師對道路修築和維護工作的評價很低。事實上，某工程師協會最近基於號誌燈在維持交通順暢和安全上的優化程度，將美國公路系統評為「D」等，街道評為「D－」等。[2]

表12.1顯示美國尖峰時段塞車問題越來越嚴重。一九八三年，30%美國道路塞車；二〇〇三年，67%道路過度擁擠。

增加流通性有很多好處，也會增進繁榮。增加平均車速可以減少汽油消耗和車輛維修成本，並使我們更有效地利用時間。簡言之，解決塞車問題會讓我們每人每年增加個幾千元財富，此外還可以減少污染。

這個惱人的市區和公路塞車問題到底能不能解決？我在家裡工作，所以不必太擔心堵塞的街道和公路，或漫長的通勤。我猜

成千上萬人選擇在家工作恰恰是為了這個理由。但還有幾百萬人沒這麼好命，不得不長途跋涉去工作。大約三百四十萬美國人每個工作日要忍受三小時的通勤。根據德州交通學會調查，美國人平均每年花四十七個小時——超過一週工作時間——在塞車上。將時間、汽油和損耗的成本加起來，美國人平均一年在交通堵塞上損失1千多元。[3]

表12.1　尖峰時段平均每人塞車達四十小時以上的都會區

一九八三年	一九九三年	二○○三年
洛杉磯	洛杉磯	洛杉磯
波士頓	底特律	舊金山—奧克蘭
丹佛	舊金山—奧克蘭	華盛頓特區
紐約	西雅圖	亞特蘭大
鳳凰城	聖荷西	休士頓
西雅圖	華盛頓特區	達拉斯—華茲堡
坦帕—聖彼得堡	河濱市（加州）	芝加哥
明尼亞波里斯—聖保羅	達拉斯—華茲堡	底特律
夏洛特	芝加哥	河濱市（加州）
路易斯維爾	鳳凰城	奧蘭多
	坦帕—聖彼得堡	聖荷西
	奧蘭多	聖地牙哥
		邁阿密
		波士頓
		奧斯丁
		巴爾的摩

資料來源：德州交通學會二○○五年城市流動性報告

現行系統為何失靈？

標準解決方案——政府向消費者抽稅，然後撥款給各州去修築和維護道路——跟不上街道和公路交通流量增加的速度，無助於解決塞車問題。隨著汽車變得更有效率（每加侖汽油可跑更多里程），相對於更多的道路需求，來自汽油稅的（每加侖）收入減少。此外，自一九八〇年代州際公路系統完成後，聯邦汽油稅越來越多被用在政治分贓或選舉綁樁之類的地方工程項目。

但還有一個更基本的經濟問題。現行公路使用和經費系統的主要缺點在於，用路人並未付出尖峰時段使用高速公路的真正成本。面對這個問題，我們必須一貫地應用課責和邊際定價（marginal pricing）的原則。除非收過路費，否則每次上高速公路的成本總是零。即使收過路費，費率從不隨著高速公路擁擠程度調整。簡言之，州際公路系統忽視定價機制。它不努力用浮動價格來調節供需。在零的價格下，尖峰時段意味需求大於供應，高速公路上車輛過剩。

交通堵塞解決方案

各級政府都在嘗試某種解決塞車問題的辦法，包括：增加車道；闢設專用車道給兩名以上乘客的車輛（高乘載管制），以鼓勵共乘；建造輕鐵和大眾運輸系統；在某些高速公路和州際公路徵收過路費。增加道路容量也許能跟上都會區的需求，但這個柏油叢林有其極限。洛杉磯是連綿不斷的高速公路之鄉，但仍然是美國塞車最嚴重之地。大眾運輸和地鐵系統在紐約、芝加哥、華盛頓等大城市運作尚稱良好，但使用公共交通工具的人口比例相

當小（紐約為25%，芝加哥為11%，但全國比例僅1.5%）。因此，平均每位乘客的運輸成本過高，非得靠政府大量補貼不可。出乎意料地，從一九六○到二○○○年，美國勞動人口增加了約六三○○萬人，但使用大眾運輸系統的工人總數實際上卻減少了將近二○○萬人。

儘管做了這一切努力，最後供給似乎仍無法跟上不斷增加的需求。

多年來，經濟學家一直建議一個叫做「尖峰定價」（peak pricing）的策略，以幫忙減輕尖峰時段車輛過剩的問題。在特定尖峰時段提高價格（過路費），會促使邊際駕車人改走其他路徑，或改在非尖峰時段上高速公路。通勤族會和他們任職的公司商量改在非尖峰時間上下班。同時，增收的過路費可以為道路維護提供額外財源，以及在必要之處修築新的車道和道路。

尖峰定價範例：新加坡

新加坡是第一個在全國規模上嘗試尖峰定價策略的國家，於一九九八年開始實施。在尖峰時段，一個叫做電子道路定價（Electronic Road Pricing，簡稱ERP）的收費系統在商業中心區及進出城的高速公路和幹道沿線運作。陸路交通管理局制訂的收費標準在0.25～4新幣之間，依時間和地點而定。外國牌照車輛一天收費5新幣。每一輛車必須在擋風玻璃上貼一張現金卡，類似美國的電子收費儲值卡（E-Z Pass），當車輛進城時，電子收費系統會讀取車主的現金卡帳戶並自動扣款。

雖然電子道路定價收費系統不受駕車人歡迎，他們認為自己有權免費使用道路，但實施結果是正面的。陸路交通管理局最近

公布，在這個收費系統運作時段，道路交通量減少13%，管制區內的車輛數目從二十七萬台減為二十三萬五千台。共乘者增加，平均行車速度加快約20%。

由於新加坡是個小島，它也施行擁車證（Certificate of entitlement，簡稱COE）制度，以抑制車輛數目的成長。百慕達施行類似辦法，每位居民限一部車。但新加坡的辦法更靈活。政府限制全國擁車證的總數，實際上規定居民必須以競標方式取得買車的權利。因此新加坡居民可以擁有不只一輛車，但他必須標購這個權利。除了車子本身的價格，目前買一輛迷你車需另花4萬5,000新幣，大型房車需另花約10萬新幣。

倫敦塞車費

倫敦也從徵收塞車費得益。一九九〇年代末，平均每個工作日有一百多萬人進入倫敦市中心。市中心交通變得如此擁擠，以致於從一九六〇年代到二〇〇二年，平均車速減少了20%以上，降到每小時8.6哩。調查顯示，一九九八年駕車人在倫敦內城尖峰時段有幾乎30%的時間夾在車陣中動彈不得，一半以上時間以不到10哩的時速龜行。倫敦人在調查中抱怨「倫敦交通太擠」，並認為解決交通問題比打擊犯罪還要重要。

為了因應這個危機，二〇〇〇年五月倫敦第一位民選市長李文斯頓（Ken Livingston）提議徵收塞車費。二〇〇三年，倫敦市開始在週一至週五每天上午七點到下午六點半，徵收市中心開車或停車的每日規費，假日除外。錄影機和機動小組拍攝進入、離開和停在收費區的車輛牌照，駕駛人如果不登記，會被罰款100英鎊。從塞車費獲得的稅收依法必須完全用於公共交通設施。

經濟學家幫忙決定每日規費，起初是5英鎊，後來漲到8英鎊。不過，基於各種理由，他們發現如果收費標準和邊際塞車成本相等，是既不可行也不恰當的。但8英鎊塞車費實施至今已證明可行。

實施結果令人讚嘆，交通量和阻塞程度的降幅超過預期。進入倫敦市中心的私家車、小貨車和大卡車減少了27%。換言之，約六萬五千次至七萬次行程取消了。私家車從占倫敦市中心交通量的幾乎一半，減少到略高於三分之一。調查顯示大量民眾改用其他交通工具：搭計程車者增加22%，搭巴士者增加21%，騎腳踏車者增加28%。平均車速增至每小時10.4哩，幾乎快了17%，塞車情況減少平均30%。[4]

此外，原本預期實施塞車費後，倫敦市中心以外的地區會出現更繁忙的交通形態，結果並未發生。事實上，上午尖峰時段行車時間減少27%，回程行車時間減少34%。

一個最令人擔憂的議題是塞車費對倫敦市中心零售業的衝擊。有些商店蒙受損失，因為潛在購物者不出門或上網購物，但調查顯示塞車費對總營業額並無顯著影響。最重要的是，民眾和當地商家似乎都支持倫敦塞車費政策。58%受訪者認為它改善倫敦形象。

唯一缺點是成本。這個計畫的籌建和運作成本證明遠高於預期，淨歲入則低於預期水準。倫敦交通局原本估計一年可以賺進2.3至2.7億英鎊，實際上二〇〇四到二〇〇五年度的淨歲入還不到1億英鎊

全美第一條「熱」線：加州橘郡91號快車道

減少高交通量最熱門的辦法是「熱」（HOT，全名 High-Occupancy Toll，即高乘載收費）線，在擁擠的高速公路上闢設專用車道，收取市場價格（根據需求狀況改變價格），換取暢行無阻的特權。全國第一條提供熱線的高速公路是加州安娜罕姆市與河濱市之間的 SR 91 河濱高速公路。

河濱市的人口加速成長造成這條公路嚴重的雙向交通延誤。媒體常稱這條路的塞車狀況為「冠狀蠕動」，為了解決問題，加州交通局與加州私立交通公司（CPTC）簽了三十五年的租約，由該公司在 SR 91 中央闢設一條收費道路，叫做91號快車道。91號快車道於一九九五年十二月二十七日通車，是全國第一條採用浮動定價系統的收費道路。它不是真正的塞車費系統，因為費率是按照時間預先設定，而不是根據實際堵塞狀況。但這些費率每幾個月就根據實際測量的交通流量調整一次。二〇〇七年最繁忙時段（星期五下午四點到五點）收費9.5美元，是全國最貴的過路費。上午（七點到八點）最高收費4.05元。

這個辦法已成功消除了 SR 91 高速公路熱線上的交通堵塞，同時維持同一條高速公路上其他線道「免費」提供給那些寧可花時間不願花錢的人使用。運作十多年下來，熱線在尖峰時段仍維持順暢的六十五哩時速，給予那條線上的駕車人一種「塞車保險」。二〇〇三年，橘郡花了2億750萬美元贖回91號快車道。郡政府延續私部門的以價制量策略。

其他州採行熱線與收費辦法

其他州已追隨加州的作法。很多城市設置或正在開發高乘載收費（HOT）線，包括德州的達拉斯和休士頓；華盛頓特區的環城快道；丹佛；鹽湖城；西雅圖；明尼亞波里斯；邁阿密；亞特蘭大。「全美各地的交通信託基金都在鬧窮，」中大西洋區汽車駕駛人協會（AAA）發言人隆·安德森（Lon Anderson）於二〇〇四年表示。「我們沒錢做很多人希望看到的全盤改變。熱線提供那個機會。」[5]

目前的共乘（高乘載車輛）車道，當初設計為巴士專用的快線，但因為巴士交通量始終不足，只用了這些線道容量的一小部分，遂開放給共乘車輛使用。華盛頓環城快道（I-495）及其他高速公路（I-95及I-395）上新闢的熱線，將免費提供給三人以上共乘車輛、共乘小巴及大巴士使用，但單獨駕駛人只要付費也可以使用。這些熱線採用電子收費系統，因此不必設收費站。警方會監視熱線，不付費偷用熱線者會遭到逮捕和開罰單。

一些正在考慮或測試收費道路的州，已醞釀出抵制運動。在德州，抗議者成立「德州路費黨」，反對收費道路在德州擴張，稱之為「Lexus高速公路」，議員已提案延緩修築更多新的收費道路。州長派瑞（Rick Perry）希望建一條三百英里長的收費道路，與達拉斯和聖安東尼奧市之間經常堵塞的I-35平行，叫做泛德州走廊。這條走廊將由西班牙公司Cintra營運，該公司將預付德州12億美元來開發走廊，開發成本為60億美元。反對者抗議外國財閥占領德州道路。

但大量證據顯示，美國和世界各國採用的過路費和尖峰定價技術，是籌措道路和高速公路經費，並維持交通順暢與安全的優

良辦法。羅伯‧蒲爾二世是全國最具權威的市場導向交通解決方案的專家,他認為,既然熱線、收費道路特許經營權及尖峰定價策略產生的利益這麼重要,「這些辦法應該迅速成為我們交通系統的一個重要成分。」[6]

第13章
病人力量
消費者導向的新醫療計畫

基本市場法則不適用於今日的醫療照護。價格不是由供需決定。

——〈美國的經濟逃犯：美國醫療照護體系〉
《紐約時報》（一九九三年十月二十六日）

我們的醫療照護體系是個大雜燴，有限度的自由市場，各式各樣的政府干預和管制，亂七八糟混在一起，而且越來越衰弱。……但健康儲蓄帳戶（HSAs）可以全盤解決醫療照護問題。

——約翰‧麥基（John Mackey），健康食品超市CEO

當醫療照護成為全國關注的議題，《紐約時報》頭版登了一篇專題報導，聲稱美國的醫療照護體系「以幾乎完全不顧基本經濟原則的方式運作」，因此應受到政府的特殊待遇。「價格不是由供需法則或生產者之間的競爭所決定。貨比三家不可能。提高生產力不會降低成本，」記者指出。美國的醫療照護成本快速攀升，目前占國民所得的15%，高居世界各國之冠。

但醫療服務真的跟肥皂、汽車或棒球賽門票那麼不同嗎？

讓我們回到經濟學原理，以此來分析醫療照護爭議。我們將看到，與《紐約時報》的報導相反，供需法則在醫療照護業運作得太好了。事實上，醫療成本快速上升，很多人不能得到適當照護，恰恰因為第一章概述的經濟原則受到阻撓，無法發揮應有的功能。競爭、誘因和課責的水準未達到它們在自由經濟體系中應有的高度。

為什麼醫療照護成本上升得這麼快？大體而言，供給跟不上需求。原因有幾個：首先，來自「免費」或低價的聯邦醫療保險（Medicare）和醫療補助計畫（Medicaid）的需求增加，占目前所有醫療支出的65%；其次，美國醫療協會（American Medical Association）限制醫學院招生人數，並限制護士、緊急救護員、專科護理師和醫師助理可以提供的服務；第三，第三方付費系統，造成使用者與付費者分離。

醫療照護市場面對的最大失敗是課責原則。受益人和付費者之間的自然關係大部分被切斷。使用者付費的原則表示，從一項服務得到利益的人應該付費給該項服務。如果你買一條麵包，你付1塊錢。買兩條麵包，付2塊錢。但在今天的醫療照護體系中，如果你去看病，別人付錢，付費者若非你的雇主，即是保險公司或政府。

當人們不直接付費給他們使用的服務或產品，就有過度使用的傾向，也有較少的誘因去壓低成本。這個關聯性顯而易見：如果你使用醫生的服務，你應該付費給這些服務。用得越多，應該付得越多。如果你用得較少，就不應該跟用得比你多的人付一樣多的錢。

不幸的是，付費者和受益者之間的連結斷了。有越來越多的例子是，聯邦醫療保險的病患不付費，由納稅人付。醫療服務和

醫生看診的顧客不付費；由雇主的保險公司付。一個主要的問題來源是，人們普遍使用雇主付費的醫療保險來支付，甚至是例行的健康檢查費用。當員工知道他人——保險公司——會埋單時，他們沒有誘因去比價和限制看診或進醫院急診室的次數。幸運的是，保險公司確實嘗試對醫院和醫師服務維持某種形式的成本控制，但現行系統不夠理想。不幸的是，因為保險公司不按同樣療程、同樣價格的統一標準償付醫生，使系統陷入困難。保險公司根據種種因素，包括表格怎麼填的，來決定他們會付多少錢。當醫生從保險公司獲得的酬勞太低時，他們會另外想辦法。

醫生的反擊辦法是限制每天使用聯邦醫療保險的病患人數，或完全拒絕跟保險公司打交道。很多家庭醫師現在只接受直接付費的病人，病人事後再向各自的保險公司求償。

全民健保是解決之道嗎？

許多有影響力的權威人士和政治人物倡議採行大部分其他國家實施的制度：全民醫療照護和單一支付系統（single-payer system）。本質上，這個政策意味全體國民納入聯邦政府經營的單一醫療保險計畫。它叫做「單一支付」，因為是由聯邦政府支付所有的醫療帳單。根據支持者的說法，單一支付全民系統實際上可以降低成本和簡化手續。

但全民健保違背經濟學福利原則的後半段，因為它提供納稅人福利給不需要照顧的人。納稅人應該替比爾蓋茲、洛克斐勒或其他任何年薪超過比如說10萬美元的人付醫療帳單嗎？大多數人會說不，我們不應該補貼有錢人。但那正是全民健保制度所做的——強迫人人參加計畫，共同分攤費用（透過他們繳的稅），

連負擔得起自己的醫療保險的人也不例外。

英國和加拿大的醫療照護系統到底有多好？

　　單一支付系統的支持者常舉英國和加拿大的例子，證明這是一個成功的替代方案。英國的國民健康服務（NHS）是二次大戰後，社會主義者掌權時制定的。在該制度下，病人不直接付費給醫療或住院服務，所有費用由英國政府支付。多年來，英國國民健康服務被視為全世界最好的醫療照護系統。但這已不再是事實。為了應付零邊際價格下的無限需求，公立醫院和診所的醫療服務現在實施限量供應。在一些倫敦醫院，病人等十二小時以上才看到醫生是稀鬆平常的事。（我有親身經驗，我和家人曾在倫敦住了一個夏天。當我八歲的兒子跌倒受傷時，我們帶他去一家提供國民健康服務的醫院，枯等八小時後終於放棄和回家。）

　　在國民健康服務之下，行政人員總數已激增到每名病患有3.1名行政人員，但這個看似有利的比率，並未幫忙解決供給不足的問題，因為他們是官僚體系的一部分，不能治療病人。自一九四八年至今，每千人病床數已減少一半。英國報紙經常報導做錯手術和病人躺在醫院走道無人聞問的故事。

　　加拿大呢？有些支持者指出加拿大是完美的單一支付保險計畫。政府支付所有加拿大人的醫療帳單。該系統被視為低成本。加拿大只花了國民所得的9.5%在醫療照護上，相較於美國的15%。

　　但低成本主要是因為醫療科技落後，缺乏最新的醫療設備和程序。就科技普及度而言，如核磁共振攝影（MRI）機或洗腎機，加拿大在先進國家中排名倒數第三。表13.1顯示在加拿大看

專科醫生的漫長等候時間。

難怪需要專科治療和手術的加拿大人會南下美國，在那裡不需長時間等候，還有最新的醫療科技，只要你願意自己付費。

簡言之，每當你聽到一位候選人或政治領袖說「我們需要全民健保」，你可以保證這傢伙根本不懂明智的經濟學。

表13.1　加拿大等候專科醫生治療的平均時間

專科	平均等候時間（星期）
骨科	32.2
整形外科	28.6
眼科	30.0
婦科	15.3
耳鼻喉科	16.4
泌尿科	13.0
神經外科	20.1
外科	10.3
內科	11.1
心血管科	14.1

資料來源：費瑟學會（The Fraser Institute），加拿大英屬哥倫比亞省溫哥華市。

市場解決方案：更低成本、更高品質且不必排隊

這裡有兩個例子，可以說明如果遵行市場法則，醫療照護體系會如何運作：雷射眼科手術和整容手術。大部分醫療產品和服務越來越貴，但雷射眼科手術不漲反跌。過去十年來，眼科醫生已動過三百萬次以上的雷射近視矯正術（Lasik），而且技術越來

越精進，可說是各種手術中病人滿意度最高的一個。一九九八年，雷射眼科手術平均價格為一隻眼睛約2,200美元，手術結果好壞參半。現在平均價格已跌到一隻眼睛1,350美元，跌幅達38%，而且顧客滿意度也升高了。為什麼雷射眼科手術變得更便宜和更好，其他形式的醫療照護卻變得更貴？原因很簡單。雷射眼科手術不在第三方民營保險、聯邦醫療保險或醫療補助計畫的承保範圍內。因此，為了爭取病患，眼科醫師有誘因去改進技術和降低成本。雷射眼科手術是少數在真正自由市場上運作，受制於價格競爭和消費者選擇的醫療程序之一。

整容手術是另一個例子，證明了選擇和競爭使價格逐漸降低，並使品質逐漸提高。病人自己掏腰包付錢給這種非必要的手術，因此每次手術前都會權衡成本和利益。他們也基於品質和價格挑選醫生，而不是基於醫生是否屬於某個醫療保險網。因此，從一九九二至二〇〇一年，扣除通膨後的價格年年下跌。[1]

是誰的錯？

《紐約時報》那篇報導的作者將美國的醫療照護問題歸咎於私人企業，但真正原因是政府不允許市場充分運作。即使雇主付費的醫療保險，在某個意義上，也是政府的產物。高額的公司稅鼓勵企業提供各式各樣的附加福利，這些福利對公司而言可以減稅，對員工則是免稅的收入。企業選擇提供這些福利主要是為了節稅。

醫療照護業與獸醫業形成對比。獸醫院沒有醫療界所面對的問題（成本不斷升高、官僚手續、在醫療設施的漫長等候時間），主要因為獸醫服務大部分由寵物主人直接付費。牙醫業曾

經是另一個好例子，因為多年來牙科服務大部分由病患直接付費，成本受到控制。不幸的是，隨著時間過去，越來越多企業和保險公司開始提供牙科保險，而且自付額相當低。不出所料，在第三方支付系統下，牙醫費用迅速攀高。

如何解決醫療照護問題

這個情況應如何改善？模仿加拿大和歐洲的國民健保制度無濟於事，因為它們違反市場原則。（如果你想知道各國醫療照護系統的缺點，根據市場原則逐一分析即可。）希拉蕊・柯林頓（Hillary Clinton）在一九九三年簡短提出的醫療照護計畫也行不通。柯林頓的計畫採浮動價格制，按使用者的收入決定醫療服務費用，而非根據供需法則；受益者不直接付費給醫療服務；成立一個新的聯邦機構，對藥品及其他醫療相關服務施加成本控制。如果實施，結果將是供給不足、官僚主義、成本增加、服務縮水，及研發減少。幸運的是，這個計畫胎死腹中。

引進健康儲蓄帳戶：健康食品超市的啟示

健康儲蓄帳戶（Health Savings Accounts ，簡稱HSA）是一個解決醫療危機的務實辦法。二○○三年國會立法通過健康儲蓄帳戶，是聯邦醫療保險一籃子改革計畫的一部分。這個法案的前身是醫療儲蓄帳戶，一九九六年由柯林頓總統簽署立法。

健康儲蓄帳戶是一個延後繳稅的帳戶，允許你為了醫療費用存錢。讓我舉一家最成功的公司為例，說明它是如何運作的，以及它成功的原因。這個例子是健康食品超市（Whole Foods

Market），全世界成長最快的天然食品連鎖店，《財星》百大最佳就業公司排行榜第五名。直到二〇〇三年，健康食品超市慷慨的提供員工自選式健康保險計畫。這個計畫非常昂貴，且缺乏鼓勵節約的誘因。二〇〇三年，健康食品超市面臨700萬美元虧損，不得不提高保費。將近35%員工不滿公司的醫療計畫。

健康食品是最早替員工辦理健康儲蓄帳戶的公司之一。為了強調對醫療照護的積極態度，該公司實際上稱之為「個人保健帳戶」。[2]員工自動加入保險，公司替所有全職員工付100%的保費。不過，這個保險計畫有高達3,500元的自付額：1,000元醫療費，500元處方藥費，2,000元共同負擔部分（co-pay）。為了支付這筆自付額，公司發給每位員工一張萬事達（MasterCard）簽帳卡，可以用來提取「醫療保健」費。（公司仔細查核萬事達卡帳單，以確保它們僅用於醫療相關項目。）

員工如未用完自付額，餘款會轉到一個健康儲蓄帳戶，帳戶裡累積的錢不必繳稅。在新法下，健康儲蓄帳戶是可攜式的，所以員工跳槽時可以帶著帳戶去新東家。如此就創造出了誘因，使員工變成聰明的醫療照護消費者，因為他們可以保留任何剩餘的錢。員工欲處理未用完的健康儲蓄帳戶資金，有兩個選擇：

- 他們可以把錢（免稅）存在孳息的帳戶供未來醫療之用，利息也免稅。
- 他們可以在年底從健康儲蓄帳戶提款，只要維持最低餘額。

非醫療用途的提款會被充分課稅，另加15%的欠稅罰款。「有些員工會有8,000、9,000，甚至10,000元存在帳戶裡，」CEO約翰‧麥基說。「他們不必擔心因為生病而傾家蕩產。」

結果令人驚奇。員工更換率暴跌至20%左右。公司的醫療成本被控制住了。約74%的員工只花了健康儲蓄帳戶裡不到500元，45%的員工分文未花。為什麼不花？因為他們有誘因保持健康，也不再一咳嗽就跑去看醫生。

健康食品超市的員工有誘因去四處比價，尋找最價廉物美的醫療服務。高自付額一方面降低保費，同時給予員工重大疾病或傷害保障。員工受到鼓勵吃健康食物並運動強身。由於減少看診就醫次數，他們可以存錢在自己的健康儲蓄帳戶。約翰·麥基稱之為「賦能模型」（empowered model）。[3]

根據市場調查公司Forrester Research的研究，到了二〇一〇年，24%的健保市場將包括消費者導向的健康計畫（例如健康儲蓄帳戶）。它是美國醫療照護的未來趨勢。

以下是一些應用經濟學來改良醫療照護品質並降低成本的方法：

1. 打開醫學院大門招收更多學生，以增加醫生供給。
2. 增加醫療照護的多樣性。應賦予專科護士和醫師助理更多權限去開診所及為基本醫療需求提供一般照護，如耳朵發炎、皮膚外傷和流行性感冒之類。
3. 讓市場決定價格，而非由保險公司決定。
4. 侵權法改革：限制醫療過失賠償金額，以降低醫療過失保險費。
5. 資訊公開：使人們更容易知道醫生是否曾因醫療過失被控告或定罪。

醫療照護危機的解決之道是將政府干預減至最少，而不是擴大。透過靈活的自付額和共同付費辦法，民營保險公司有能力自

行解決問題。這個做法可以鼓勵競爭和比價，從而達到控制成本、刺激醫學進步，並鼓勵預防性照護和運動的效果。如此一來，美國就可以穩坐全世界醫療照護體系最完美的國家寶座。

第14章
教育回歸基本面
讓競爭進入教室

如果學生⋯⋯可以隨意挑選他們最喜歡的學院，這種自由或許能刺激不同學院之間一些競爭。

—— 亞當·斯密[1]

由競爭性的民營教育市場來服務家長，讓家長自由選擇他們認為對每個孩子最好的學校，將證明能徹底改革教育。

—— 米爾頓·傅利曼[2]

亞當·斯密為人處事絕頂世故圓融，一向避免得罪他的讀者。但他在《國富論》（*The Wealth of Nations*）中破例發表他最著名的貶抑之詞。談到他的母校，名重士林的牛津大學的「偽講學」，他以明顯輕蔑的口吻表示：「在牛津大學，這些年來大部分教授已完全放棄講課，甚至連裝裝樣子都免了⋯⋯想必是看到大部分學生曠課，或以毫不掩飾的漠視、蔑視和嘲笑的態度來上課，令他（牛津教授）太不愉快了。」[3]

為什麼亞當·斯密這麼火大？在十八世紀的英國，大多數學校的講師和導師是由學生（或家長）直接付薪水，因此他們必須互相競爭來維持學生和家長的興趣；但牛津有錢，它有大量捐

款，所以教授的薪水大部分是學院發放的。因此，學生不准挑選他最喜歡的學院，課程設計是為了講師，而非學生的利益。在缺乏誘因下，牛津的教育品質惡化。

亞當·斯密反對一切形式的壟斷，他認為壟斷會創造一種政治體系，其特徵是高成本、浪費、官僚和特權。天賦自由（natural liberty）那隻看不見的手，僅僅在競爭和公平的條件下才能成功運作。他在各式各樣的市場上應用他的競爭企業理論——商業、宗教，甚至教育。他認為，如果學生在每一個求學階段都可以挑選學校和老師，他們會獲得更好的教育。

公立學校的劣質教育

亞當·斯密可以給現在的我們什麼指教？在高等教育層次，我們可以自由選擇學院和大學，但初級和中等教育呢？大部分國家，包括美國，初級和中等公共教育由政府壟斷提供。雖然自一九七〇年至今，平均每位學生的實質支出已增加一倍以上，美國學生的學術測驗成績（閱讀、數學和科學）仍在經濟合作暨發展組織（OECD）會員國中吊車尾，輟學率高，大學入學學力測驗（SAT）分數滑落，而且一直不見起色。甚至連簡單的識字率都下降了，讀書風氣在美國一日不如一日，因為年輕人花越來越多時間看電視和打電玩。此外，美國教育現狀還存在一個令人憂心的種族落差，黑人和西班牙裔學生，不論來自富裕或低收入家庭，都落後於白人和亞裔。[4]

米爾頓‧傅利曼的學校選擇權概念

　　米爾頓‧傅利曼，現代的亞當‧斯密，率先在他的名著《資本主義與自由》（*Capitalism and Freedom*）第六章，將選擇和競爭的經濟原則應用到中小學。他批評美國政府的教育系統是僵化、制式、昂貴和高度中央集權的準壟斷制度，教學課程有利於教師和教育行政人員，更甚於學生和家長。他的解決方案是什麼？每年給家長一筆固定金額的教育費，叫做「教育券」（voucher），讓他們可以在自己選擇的任何公立或私立學校兌現。「競爭因素的注入，大大有助於促進各種不同學校百花齊放，也可將彈性引進到學校系統。尤其是，它具有讓學校教師的薪水反應市場力量的優點。」[5]赫伯‧華伯格（Herbert J. Walberg）出身於芝加哥大學，是任教於哈佛大學和史丹佛大學的經濟學家，他表示：「競爭常激發人和組織最好的一面，並提供標竿來衡量所有學校的績效；教育券允許並鼓勵家長更積極參與子女的教育，而家長的參與和學生的學習有正面關係。」[6]

　　學校選擇權的概念——不論體現在教育券、扣抵稅額，或特許學校（charter schools）——聲勢逐漸上升，雖然這場戰爭已經打了很久，既冗長又乏味。熱心公益的公民和家長要求改變，包括少數族群，他們認為其子女受到公立學校不平等待遇。在此同時，公立學校系統變得更集權和工會化，教師工會和教育行政人員有完善的組織和充裕的經費去抵制任何形式的激進改革。二〇〇二年最高法院做出判決，確認克里夫蘭教育券計畫的合法性，受惠於這項判決，有些州，包括佛羅里達、俄亥俄和威斯康辛，開始實驗某種形式的教育券和特許學校，但其他州，如加州、密西根和科羅拉多，由於教師工會和教育行政者頑強而有效

的反對，全州範圍的教育券計畫已被攔阻下來。

　　經濟學家已進行很多研究，檢驗競爭和選擇對教育的好處。關於公立和私立學校孰優孰劣的爭議，這些研究的共識是，由家長直接付費的私立學校，往往比經費來自教育券的私立學校和政府辦的學校「更有效率，教學成效更高，校舍維持更好，對家長提出的課程要求更有反應」。[7]雖然公共教育券計畫在美國實施範圍相當小，初步調查結果全部是正面的，尤其在少數族群當中。調查華盛頓特區、克里夫蘭市和米爾瓦基市的教育券計畫顯示，這些計畫減少了種族隔離。[8]美國在特許學校方面有比較豐富的經驗。特許學校總數超過四千所，註冊學生超過一百萬人。儘管受到嚴格管制且經費不足，特許學校表現優異，尤其是貧窮和西裔學生，這些學校的報名人數嚴重超額。

　　更完整的調查來自瑞典、荷蘭、捷克和智利，學校選擇權在這些國家行之有年。荷蘭的教育券制度最古老，一九一七年就開始了，目前私立學校占學生總數的76%。荷蘭調查報告顯示家長滿意度高，國際測驗評比名次也高。瑞典出現同樣的結果，該國政府提供經費給85%的優選學校（不論公立或私立）。儘管受到政府管制，瑞典已看到學生成績進步及家長滿意度提高的效果。智利於一九八二年實施全民教育券計畫，和它的民營年金制度成立於同時（見第5章）。所有學生都可以選擇公立、私立或教會學校，包括天主教學校。調查結論是：接受津貼的（即教育券）私立學校學生表現優於公立學校學生。公立學校會不會因為學生大批出走，轉往私立學校而關門？智利政府不准它們關門。政府撥額外經費讓它們繼續存在。[9]華柏格表示：「高品質的國際研究，雖承認有一些顯著例外並加以討論，但一致壓倒性地支持教育系統引進競爭和家長選擇權，反對支配美國及其他許多工

業國家的壟斷制度。」[10]

　　對傅利曼來說，學校選擇權的戰爭「既有收穫又令人洩氣」。但他不曾放棄，直至死後（他於二○○六年過世）。他和妻子蘿絲共同成立傅利曼基金會，其唯一使命是提高學校選擇權的支持度。進一步資訊請上網查詢：www.friedmanfoundation.org。

第15章
越多槍枝，越少犯罪

從經濟學觀點來看，罪犯和其他每個人一樣，對誘因有所反應。

——蓋瑞·貝克爾（Gary Becker）[1]

芝加哥學派經濟學家相信經濟學萬能，可以用來分析幾乎任何事。

——芝加哥大學學生[2]

芝加哥小子又來了。這回芝大經濟學家捲入當今最火爆的死刑和槍械管制爭議，登上了頭版頭條。一個世代前，傅利曼堅持以嚴謹的實證研究來支持健全（雖然常不得人心）的經濟理論和政策，樹立了普遍標準。更近期的蓋瑞·貝克爾，則將芝加哥風格的經濟分析延伸到當代社會問題，諸如教育、婚姻、歧視、職業運動和犯罪。

貝克爾的分析奠基在一個基本經濟概念之上，即需求法則：當某一貨品漲價，人們會減少使用它。犯罪活動的例子是，如果犯罪的成本和風險增加，犯罪行為會減少。這個法則通常稱為市場的誘因原則。貝克爾證明，透過更嚴格的刑期、更快速的審判和更高的定罪率來增加犯罪成本，可以有效減少搶劫、偷竊或強暴罪犯的人數。[3]

死刑能嚇阻犯罪嗎？

新的調查顯示，很多州在恢復死刑後，兇殺率降低了 **38%**。經濟學家的新研究，包括一些芝大經濟學者，推斷每一次執行死刑可嚇阻多達三至十八件潛在兇殺案。[4]

二〇〇三年勞倫斯·凱茲（Lawrence Katz）、史蒂芬·李維特（Steven D. Levitt）和艾倫·舒斯托洛威奇（Ellen Shustorovich）共同在《美國法律與經濟學刊》（*American Law and Economics Review*）發表一篇論文，證明監獄裡的死亡事件（因執行死刑或其他原因）與社會上的犯罪率之間有「強大和堅固的反比關係」：每一件監獄死亡事件嚇阻「三十到一百件暴力案件和同樣數目的侵犯財產案件（property crime）」。[5]

最近《紐約時報》做了一篇專題報導，概述一打關於死刑與犯罪之間關係的研究。「經濟學家在過去十年進行研究，比較不同轄區在一段時期的死刑執行次數與他殺率，但試圖排除犯罪率、定罪率及其他因素的影響，結果發現兇殺率往往隨著行刑次數升高而下降。」[6]

經濟學家的研究似乎已改變社會觀感，轉為支持死刑。兩位法律教授凱思·孫士亭（Cass R. Sunstein，芝大）和亞德里安·佛穆勒（Adrian Vermeule，哈佛）在《史丹佛法律學刊》（*Stanford Law Review*）上寫道：「有關死刑嚇阻作用的最新證據似乎令人信服，有鑑於它的『明顯力量和一致性……死刑很可能挽救生命。』」這項證據尤其令孫士亭教授改變看法，「我確實從反對死刑變成認為死刑或許是合理的，如果它有顯著的嚇阻作用。」[7]

不過，證據似乎指出，若是不認真執行死刑，則不能有效打

擊犯罪。根據艾默里大學經濟和法律教授瓊安娜・薛佛（Joanna M. Shepherd）的研究，死刑僅在一九七七至一九九六年間處死至少九人的州有嚇阻作用。

槍械管制與犯罪

經濟學家也涉入充滿爭議的槍械管制領域。一九九〇年代末，芝大歐林法律與經濟研究中心研究員約翰・羅特二世（John R. Lott, Jr.）提出論據表示，充分武裝的市民可以防止暴力犯罪。羅特分析大量的FBI年度犯罪統計，這些資料涵蓋全美三〇五四個郡，歷時十八年，以及各州關於非法使用槍枝的警方紀錄。他得出令人意外的結論，發表在他最近出版的書《越多槍枝，越少犯罪》（*More Guns, Less Crime*）：

- 目前犯罪率跌幅最大的州，也是槍枝持有率成長最快的州。
- 布雷迪手槍暴力防制法的五天等候期、槍枝回購計畫和身家背景調查，對於減少犯罪很少或毫無影響。
- 最近允許隱藏性武器執照的州，已看到暴力罪案顯著減少。
- 槍枝用於自衛的次數比起用於犯罪的次數平均多五倍。[8]

羅特認為，最近一些限制槍枝持有的立法工作，實際上反而可能阻止許多守法公民保護自己免於攻擊，這是亞當・斯密的「始料未及後果定律」（law of unintended consequences）之一例。

羅特也主張，允許藏匿手槍的州法可以嚇阻犯罪。「當槍枝隱匿不見時，罪犯在攻擊前無法判斷被害人是否武裝，因此增加

了犯罪的風險。」[9]他製作各種統計和圖表來支持他的論點。例如，圖15.1比較各州在通過藏匿手槍法之前和之後的平均暴力罪案數目。

羅特的犯罪圖表令人想起費德列克‧巴斯夏（Frederic Bastiat）的傑出論文〈看得見和看不見的〉（What Is Seen and What Is Not Seen）。這位優秀的法國記者在一八五〇年寫下：「在經濟領域，……一條法律產生不只一個效果，而是一系列效果。在這些效果中，第一個……是看得見的。其他效果僅在第一個效果發生之後才出現；它們是看不見的。」[10]

根據羅特的研究，巴斯夏的原則同樣適用於犯罪統計。「許

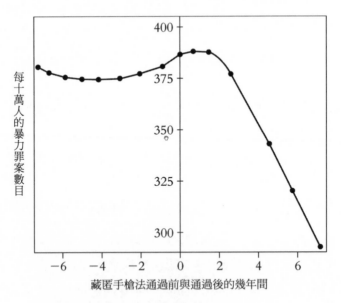

圖 15.1　藏匿手槍法對於暴力犯罪的影響

資料來源：約翰‧羅特二世，《越多槍枝，越少犯罪》

多防衛性的使用（槍枝）從未報案。」[11]羅特提出兩個理由。首先，在很多自衛的例子中，僅僅揮舞手槍就嚇退了攻擊者，無人受傷，所以無案可報。其次，在施行嚴格槍枝管制法的州，使用槍枝保護自己的公民不肯報案，因為怕遭到警方以非法使用武器的名義逮捕。因此，羅特證實（經過大量調查）佛羅里達州立大學刑法教授蓋瑞‧柯萊克（Gary Kleck）的初步研究，後者發現槍枝用於自衛遠比用於犯罪頻繁。順帶一提，柯萊克教授過去有強烈的反槍枝傾向，直到他發現這個揭露真相的統計。

羅特的假說遭到其他經濟學家重砲攻擊，質疑他對犯罪統計的詮釋。他們認為其他因素對於一九九〇年代犯罪率降低影響更大，包括強勁的經濟、快克古柯鹼的沒落，甚至墮胎（後者是芝大經濟學家史蒂芬‧李維特〔Steven Levitt〕的論點）。不過，經濟學家的研究一致同意一件事：承認人民有權攜帶槍枝的法律不會增加暴力犯罪，大量研究還證明這些法律減少暴力犯罪。

這一切證實了一個在美國存在已久的法律原則：擁有槍枝來保護自己是憲法賦予人民的權利。

第16章
經濟學家感染拍賣熱

拍賣理論是經濟學的成功故事之一。
　　　　　——保羅‧克倫佩洛（Paul Klemperer），牛津大學

經濟學家保羅‧密格羅姆（Paul Milgrom）的構想對於聯邦通訊委員會（Federal Communications Commission，簡稱FCC）設計數十億元的頻譜拍賣厥功至偉。他的慎密經濟推理和注重實際細節使拍賣得以成功。

　　　　　——瑞德‧亨特（Reed Hundt）
　　　　　聯邦通訊委員會前主席

　　○○四年八月十九日，世界最大的網路搜索引擎Google公司股票上市，總共發行一九六○萬股，每股85美元。Google首次公開發行股票（Initial Public Offering，簡稱IPO）顛覆傳統的地方在於它的上市方法：密封標公開拍賣，開放給任何願意投標的人。Google用這個引發議論的方法，讓投資大眾，而非華爾街投資銀行，決定股票結算價格。

　　這個充滿爭議的、平等主義的舉動，令華爾街金融家很不爽。傳統的首次公開發行股票做法是委請投資銀行承銷，並根據預期的市場價值事先決定開盤價。藉著製造熱門議題，證券商可以分配股份給他們最尊貴的客戶。這套制度嘉惠公司高幹、消息

靈通人士、法人投資者和家財萬貫的個人。一旦股票公開發售，有幸買到預售股的局內人和特權客戶，就可以趁一般投資大眾開始在次級市場炒高股價之際，拋出手中持股，轉手賺進兩、三倍。

Google並不是第一家對首次公開發行股票採用拍賣的公司，但以Google的規模，大於通用汽車的市值，此事震驚了華爾街。Google的年輕老闆不缺現金，也不欠華爾街金融家人情。他們希望首次公開發行股票能報答忠心耿耿的員工，還能提供一般投資大眾參與管道——實現某種形式的民主資本主義。

Google選擇的拍賣設計叫做「單一價格荷蘭標」（uniform-price Dutch auction），和美國財政部拍賣公債的方式相同。荷蘭標在Google的運作方式如下：該公司邀請任何有興趣的投資人前來投標，不設任何限制，由投資人註明想買幾股，每股願付多少錢。在首次公開發行股票當日，公司將收到的標單按出價高低順序排列，從最高價發配起，直到待售股數（一九六○萬股）全部出清為止。最後一張得標標單註明的價格——叫做「市場結算價格」（market-clearing price）——就是所有得標者應付的股價（85美元一股）。

理論上，荷蘭標可以阻止首次公開發行股票在開盤日迅速上漲，因為市場結算價格應代表投資大眾的集體智慧，是供需平衡時的價格。不過，當Google股票在二○○四年八月十九日公開上市時，它的確上漲了18%，以每股100美元作收。上漲原因有二：許多承銷Google首次公開發行股票的證券行限制每名投資人的標單數量，而且Google保留了只要他們願意可以將股價訂得比市場結算價格低的選擇權。但這個漲幅遠低於一九九○年代末期大部分科技股經歷的發行首日漲幅（100～200%）。

Google 首次公開發行股票拍賣背後的經濟學家

　　Google 的成功可以歸功於幾位專門研究拍賣設計的經濟學家，其中一位是史丹福大學經濟學家保羅・密格羅姆，他以幫忙設計聯邦通訊委員會頻譜拍賣博得聲名。自此之後，聯邦通訊委員會的拍賣已被複製和改用在世界各地電子市場和其他產業的數十場拍賣上，涉及金額超過 1,000 億美元。

　　Google 的首次公開發行股票拍賣是體現如今拍賣交易的科技先進的最佳例子。近年來，拍賣在各種新市場的成功，可以歸因於專攻賽局理論（game theory）的頂尖經濟學家。這些專家顧問除了幫 Google 股票上市外，也運用他們的技術去設計其他成功的拍賣，包括線上標售棒球門票和旅館房間；eBay 網站上的產品和收藏品；美國國庫券及其他政府債券；外匯；牲口、魚獲、木材、油田及其他原物料；商業不動產和民用住宅的法拍；污染許可的碳交易（cap-and-trade）；無線電頻寬和行動電話執照；政府試圖民營化的資產、企業和土地。長久以來，當政府決定標售國有資源時，他們慣常聘請經濟學家來指導他們如何設計拍賣。與此同時，投標者也雇用經濟學家來構思如何打敗系統。結果形成一個資訊非常充分的市場，買賣雙方都感到滿意。

拍賣理論之父威廉・魏克禮

　　大多數拍賣專家承認，拍賣設計的新世界始於一篇論文，一九六一年發表在一份名不見經傳的期刊上，作者威廉・魏克禮（William Vickrey）是哥倫比亞大學經濟學教授。[1] 在那篇對後世影響深遠的論文裡，魏克禮建議一種更好的辦法，在涉及大量資

產存貨的拍賣中，可以替買賣雙方盡量擴大價值，那個方法就是現在所稱的荷蘭式「次高價密封標拍賣」（second-price sealed bid auction）。三十五年後，魏克禮榮獲諾貝爾經濟學獎，表彰他在拍賣理論的開創性工作。（造化弄人，他在領獎一週後與世長辭。）過去數十年，魏克禮教授的理論已被幾十位經濟學家一再改進和擴大。那是一個強大的理論，導出幾項重要見解，對拍賣設計影響重大。

要了解魏氏拍賣（Vickrey auction，荷蘭式次高價密封標的別稱），必須對拍賣有一些基本認識。拍賣個別物品最流行的方式是「一次，兩次，成交」（going, going, gone），如英國藝術品拍賣行蘇富比（Sotheby's）和佳士得（Christie's）所採行的方式。在英國制度下，投標者從一個低價開始，但略高於物主所訂的保留價（reserve price），逐漸抬高價格，直到場內只剩一個投標者。最後投標者以他最終出的價格得標。

英式拍賣與贏家的詛咒

但英式拍賣有幾個潛在缺點。首先，在公開喊價的競標戰中，你可能被拍賣狂熱沖昏了頭，面對競標者，出了一個過於積極的價錢。經濟學家稱之為「贏家的詛咒」（Winner's Curse）。記得著名的賈桂琳‧甘迺迪（Jacqueline Kennedy）遺產拍賣會嗎？情緒激動的競標者，迫切渴望擁有一小片甘迺迪王朝，付出比預期高出三倍的價錢。還有那位棒球迷，在二〇〇一年花了2百多萬美元標到貝瑞‧邦茲（Barry Bonds）第七十三支全壘打球，幾年後眼睜睜看著它暴跌到10萬元以下。其他例子包括搶到一支首次公開發行股票，隨即在次級市場腰斬一半；標到一個

小市場的行動電話執照，結果證明太貴；或買下一個油田，卻發現其產值遠低於石油生產者付的價格；或某建商出高價打敗所有競爭者，結果卻因為低估了自己的成本而賠錢。

保羅・克倫佩洛（Paul Klemperer）是牛津大學經濟學教授，專攻拍賣經濟學，他拿出一罐裝有1分錢硬幣的罐子來進行拍賣，但硬幣數目保密，以此為例來向學生解釋贏家的詛咒。學生們估計罐子裡有幾枚硬幣，然後出價買這罐硬幣，他們出的價錢要比他們估計這罐硬幣的價值略低一些，以便從中賺取利潤。但每一次拍賣，倒楣的贏家總是那位把硬幣數目估得最高的學生，因此買得最貴。我們將在下文看到，贏家的詛咒是可避免的。

其次，拍賣可能遭到圍標，投標者串通起來，刻意壓低價格，造成賣方以低價售出。這個情形在企業對企業的拍賣尤其常見，少數幾家大公司圍標一個廣播電台、行動電話或電信執照，或一個大礦場的租約。企業甚至不必違法。如果只有幾家公司爭取一個客戶的業務，它們可以事前心照不宣地同意，大家都報同樣高的價錢，然後分享業務，對彼此都有利。如果其中一家供應商背叛默契，自行降價，其競爭對手可以一起降價來予以懲罰。

例如，一九九五年美國政府拍賣洛杉磯行動電話寬頻執照，吉悌（GTE）和貝爾大西洋（Bell Atlantic）不符合投標資格，MCI未進場投標。洛杉磯地區市內電話業巨擘太平洋電話公司（Pacific Telephone）獲准參加競爭，嚇退了比它小的競爭者。結果競標過程在非常低的價位就停止了，以平均每人26美元的價格成交。相形之下，芝加哥市場的拍賣排除了市內電話主要供應商。結果拍賣在幾家小公司的熱烈競爭中進行，最後以平均每人31美元售出經營權，雖然從人均所得來看，芝加哥市場遠不如

洛杉磯值錢。另外一個例子是，一九九九年德國標售十組無線電頻寬，只有兩家電信公司 Mannesman 和 T-Mobile 投標。由於兩家公司都採取「有錢大家賺、有飯大家吃」的態度，拍賣僅兩輪就結束了，兩家公司以同樣的低價各自取得一半頻寬。[2]

魏克禮及其他賽局理論者已創造新的方法，在拍賣中盡量擴大賣方的收入，同時提高買方的滿意度。在魏氏拍賣中，投標者投下密封的標單。出價最高者得標——但只需付次高價，外加一筆小額費用。這個方法看似不合邏輯，實則非常合理。賣方可以確保買方會出務實的價格，買方則不必擔心最後一分鐘被更高價打敗，如其他形式的拍賣常發生的情況。

魏氏拍賣如何運作

潛在買方在出席現場拍賣會之前，通常會做一些功課。他們會閱讀拍賣品目錄，盡可能地檢查物品，並做一些研究以判斷什麼是合理價格。在此價格之上再加上嚮往因素，也就是潛在買方非擁有此物不可的心理。聰明的買家帶著預先決定的最高價格來到拍賣現場，並在該價格被其他投標者超越時急流勇退。偶而拍賣熱發作，價格會飆到超過買方預設的上限，但大多數時候預設價格最高者抱得物品歸。不過，出價最高者實際上很少付到他或她願意付的最高價位。為什麼？因為在現場拍賣會中，投標者一定知道上一個價格。當倒數第二個投標者退出時，最後一個投標者只須比次高價投標者的退出價格多加一點點。因此，只要投標者保持冷靜，不踰越自己預先決定的最高價格，必能以低於自己願付價格的價錢把東西帶回家。

密封標拍賣是另一回事。勾串圍標更困難。價格不會隨著潛

在買家加入和退出喊價而逐步升高。希望得標的買家必須事前投標，而且只能投一次標，不但需要仔細盤算自己願意花多少錢，還得估計競爭者可能出多少錢。但萬一算錯了怎麼辦？萬一他們出價1萬，其他人只出幾百塊錢呢？在現場拍賣會上，他們會在價格飆到1千元時住手，但現在他們不能脫身，必須付出比拍賣品價值貴十倍的價錢。投資者通常害怕買貴甚於買不到，所以當他們猜不出別人願意花多少錢時，他們傾向於出價過低，而非過高，賣方也因此少賺了很多錢。為了減輕買方怕買得太貴的心理，賣方承諾得標者只需付略高於次高價的價錢。這個策略實際上鼓勵投標者出更高的價錢，因為他們知道，萬一他們超出次高價太多，不必嚥下苦果。簡言之，得標者總是以低於他的投標金額的價格贏得獎品。而且採用魏氏拍賣方法，賣方可以吸引更多人前來投標。

郵票拍賣和作弊的威脅

次高價密封標規則（魏氏方法）比較不普遍，但它早在一八七〇年代就用在一些物品的拍賣上，如郵票和親筆簽名，欲購者根據拍賣品目錄填好標單，用密封郵件寄出。在紙本收藏品市場，從美國內戰士兵家書到郵票，這是標準程序。最早的郵票拍賣出現在一八七〇至一八八二年間，大部分在紐約市，到了一八九〇年，次高價密封標規則已經開始實施了。現場拍賣郵票仍採英式拍賣，但郵購拍賣改採次高標，加上最小出價增額（minimum bid increment）。一八九七年，紐約郵票商威廉‧布朗（William P. Brown）率先採用這種拍賣方式，這個概念迅速蔓延開來。托雷多郵票公司在下述一九〇七年郵購拍賣目錄中解釋它

的拍賣形式：

> 我們想對那些從未參加過拍賣的人說，這是增加你的郵票收藏最好的途徑之一，除此之外你不可能用這個價錢買到這些郵票。你只要說你願意付多少錢買一批，如果沒有人出價比你高，郵票就是你的。如果你出價太高，我們會用次高價加一點手續費幫你買下，所以無論如何你都有保障。

次高價拍賣的唯一缺點是擔心拍賣商作弊。一旦你寄出你的最高價，怎樣防止拍賣商打開你的密封標單，然後假裝收到另一個標單，只比你的最高價低一點點？這個顧慮使很多集郵者不願向默默無聞的小郵票商投標。一位康乃迪克州的郵票商招供：

> 經營郵票生意一段時日後，我舉行了一場拍賣，一位年長紳士寄來一些高價位標單，他是我們的好主顧，顯然信任我們。我太太和我一起經營生意，拍賣隔天，她氣沖沖地衝進我的辦公室，責備我賣給他的每一批貨都用他的全額出價，儘管他出的價錢比次高價高了許多。她把他的帳單扔到我桌上說：「我以為我們不會幹這種齷齪事！」我瞄一眼帳單，連想都沒想就脫口而出：「我也不想幹這種事，親愛的，但你知道我們的銀行貸款明天到期。」如今回想起來，我發現人腦在合理化壞行為上實在創意無窮。思索片刻，我太太說：「好罷，這回我答應你，只要你同意將下次拍賣的規則改成：『所有拍賣品以次高價加一筆手續費賣給最高價郵寄投標者，除非我們需錢孔急。』」就憑這一句話，她拆穿了我所有的合理化和藉口。她用一面鏡子照我

的行為，而我厭惡我看到的東西。我別無選擇，只能按我們訂的規則重新計算那次拍賣的所有帳單。那一刻，我決定離開拍賣這一行。」[3]

美國財政部節省幾百萬元

好在投資人透過eBay和Google等大公司或美國政府投標，大概不必擔心此類道德倫理問題，這些機構在出售大量統一商品和證券時，全都採用荷式魏氏拍賣。荷式拍賣和英式拍賣相反，後者的價格由低開始向上爬升。在荷式拍賣，拍賣官先喊一個高價，然後不斷降價，直到出現一個買家。例如，當美國財政部出售債券時，政府接受越來越低的出價，直到整筆債務賣掉。然後所有出價較高者都支付被接受的最低價。

財政部採單一價格荷式拍賣出售國庫券及其他公債，是學術影響力的另一個例證。一九五九年，芝加哥學派經濟學家米爾頓．傅利曼在國會聯合經濟委員會作證，建議出售政府債券最好的方法，當時委員會主席是前芝大經濟學家，參議員保羅．道格拉斯（Paul Douglas）。傅利曼批評當時財政部按最高價收費的標準做法，他認為改用單一價格荷式拍賣，政府可以賺更多錢，因為這種拍賣方式會增加需求。傅利曼的建議如石沈大海，直到一九七二年，喬治．舒爾茲（George Shultz，也出身芝大）接任財政部長。傅利曼說服他的朋友舒爾茲，拿一部分長期國庫券的發行來實驗荷式拍賣。事後兩位財政部的經濟學家比較兩種債券發行方式的銷售成績，一種使用荷式拍賣，另一種使用標準程序。「結果一清二楚，」傅利曼表示。「荷式拍賣對財政部比較划算。」[4]但一九七四年，比爾．西蒙（Bill Simon）接掌財政部，

實驗停止。西蒙出身華爾街債券交易商，極力反對用這個新方法替政府籌錢。

一九九一年所羅門兄弟（Solomon Brothers）被控操縱國庫券拍賣，不久之後，財政部將它拍賣公債的方法改成單一價格競標，其規則和荷式魏氏拍賣非常相似。財政部網站宣稱：

> 單一價格拍賣，亦稱荷式拍賣程序，允許每一位得標的競爭投標者和每一位非競爭投標者以相當於最高得標利率或殖利率的價格購買債券。這種形式的拍賣現在適用於所有短期（T-Bills）、中長期（T-Notes）和長期（T-Bonds）國庫券（以及通膨指數債券或抗通膨債券〔TIPS〕）。過去它只用於兩年期和五年期債券拍賣。聯邦政府舉行這些債券的拍賣。當下次拍賣的數量公布時，散戶有機會以遞交非競爭性標單的方式參與拍賣。短期國債訂購金額不得超過100萬元，中長期國債和票息債券（coupon bonds）不得超過500萬元。其餘參與拍賣的法人證券商必須向財政部遞交競爭性標單。證券商的買價依其標單的競爭水準而定。一旦證券商的競爭性標單全部遞交後，所有得標的競爭性標單之平均價格即為散戶的買價。[5]

聯邦通訊委員會與行動電話執照

一九八〇年代，聯邦通訊委員會開始以抽籤方式分配美國各城市的行動電話執照。但一九九〇年代初，政府意識到它損失了幾百萬美元的潛在收入。自一九九四年起，聯邦通訊委員會舉行行動電話及無線電頻譜的競標拍賣。這些拍賣以電子方式透過網

路進行。因此，符合資格的投標者可以舒舒服服坐在家中或辦公室投標。此外，任何人都可以透過一台裝了網路瀏覽器的電腦，觀看拍賣過程並檢視每一輪拍賣結果。聯邦通訊委員會發現，頻譜拍賣可以更有效地分配執照，相較於比較聽證或抽籤，都是略優一疇的做法。

誰是這些改變背後的推手？答案是專攻拍賣設計的經濟學家。他們督促政府採取拍賣方式已有多年。羅納德・寇斯（Ronald Coase），另一位芝大經濟學家，是一九五九年率先倡議拍賣電台執照的學者之一。史丹福大學的保羅・密格羅姆是其中一位主要設計師。諾貝爾經濟獎得主約瑟夫・史蒂格里茲對密格羅姆讚譽有加，他說：「經濟學近期的重大變革之一是認清市場不會自動運作良好。設計至關緊要。密格羅姆開創的頻譜拍賣設計，運用經濟理論改進真實市場運作，開啟了市場設計的新紀元。」[6]

牛津大學教授保羅・克倫佩洛是設計英國政府首次拍賣第三代行動電話服務執照的關鍵人物。他寫道：

> 二〇〇〇年二月對我來說是個壓力很大的月份：英國3G拍賣即將開始。過去兩年我一直和英國政府合作，設計全世界第一個「第三代」（3G）行動電話服務頻譜拍賣。此事成敗涉及很大風險。如果拍賣順利，它會有效率地分配頻譜並籌到很多錢，但過去很多拍賣皆以難堪的失敗收場，未能產生預期的收入。這一回政治人物希望賺到幾十億元……。
>
> 拍賣進行了七週，期間壓力只增不減。一開始拍賣很順利，價格一天比一天高，但我們仍擔心是否疏漏了什麼，

哪件事仍可能出差錯。當價格隨著一百五十輪投標一路攀升，紀錄開始被一一打破，緊繃的情緒被吃驚取代。不過，當木槌終於敲下，五個標單勝出，總額超過340億美元，仍然是巨大的解脫——我們的拍賣籌到的錢超過史上任何一次拍賣。[7]

拍賣不只在企業界日漸風行。越來越多個人在 eBay、Yahoo、亞馬遜（Amazon）及其他網站上買賣一切，從二手 DVD 到棒球卡。電子商務是門大生意。光是 eBay 一個網站，就有一千萬名顧客和210億美元市值。

eBay 創辦人向魏克禮及其他經濟學家取經。這個最大的線上交易網站使用次高價拍賣規則，出價最高的競標者只要付次高價另加一筆費用。因此，eBay 的次高價規則幫忙避免贏家的詛咒。另一個好處是，競標者可以研究類似物品過去拍賣情形。他們可以閱讀顧客意見調查，從而得悉賣方的可信度。如果還不放心，競標者通常觀察其他競標者的行為。

該網站的官方說明督促用戶出他們的最高價位，然後放鬆心情。除非有人出同樣的高價，他們不會真的付那個價錢。隨著其他人加入競標，網站以自動和遞增的方式拉高次高價，但繼續隱藏最高價，直到標單爬到那個水準。如果有人打敗你的最高價，沒問題——此物對他顯然比你有價值。但《狙擊手、誘餌和鯊魚：eBay 與人類行為》（*Snipers, Shills, and Sharks: eBay and Human Behavior*）一書作者肯‧史戴格利茲（Ken Steiglitz）卻說，這個策略「天真得讓人難為情」。他說，提早出價會招引競爭。研究顯示，一件物品有越多人投標，其他投標者越可能跟進。因此，即使沒有人打敗你的最高價，次高價仍可能大幅攀

升。史戴格利茲先生的忠告是「晚點出手。拍賣頭幾週毫無意義。決戰點在最後幾秒。」eBay 有「硬性打烊」規則——過了指定時間，不准再投標。這條規則助長了電子槌落下前的瘋狂搶標。[8]

　　結論是，經濟學家對拍賣設計的改進使人人獲益——買方較不可能買貴；賣方較可能賣到更好的價錢；至於拍賣行，則獲得更多生意。

第 17 章
如果你私自建它……人們會來

體育館經濟學

> 政府提供某些不可或缺的公共服務，若無這些服務，社群生活無法想像，這些服務本質上不適合交給私人企業。
>
> 保羅·薩繆爾森（Paul A. Samuelson）

如果你修一門談公共財政的課，你一定會碰到支持政府的「公共財」論點：有些服務就是不能由私部門充分提供，例如學校、法院、監獄、道路、社會福利，還有燈塔。

薩繆爾森在他一九六四年出版，至今盛名不衰的教科書中，特別強調燈塔的例子，做為標準的公共財。「它的光束幫助了每一個看得到的人。商人不可能蓋燈塔來賺錢，因為他不可能向每一個使用者收費。」[1] 換言之，因為你不能防止它的燈光被每一艘過往船隻看到，不論該船有沒有付費給這項寶貴的服務，除非被政府課稅或港口費所迫，否則沒有人會付錢。

但這未必是事實。芝加哥學派經濟學家羅納德·寇斯揭露，十九世紀以前，很多英格蘭的燈塔是由私人或公司建造和擁有。他們向停泊在附近港口的船隻收費以賺取利潤。三一船務管理所（Trinity House）是最好的例子，它是一家私營企業，一五一四年獲得經營燈塔並向船隻收費的特許執照。只不過燈塔使用費包

含在港口停泊費中。

　　薩繆爾森繼而建議，燈塔經費應來自一般稅收。但根據寇斯的調查，英國從未嘗試這種提供經費的辦法，「（三一船務管理所）這項服務繼續由向船隻收費來支應。」[2]

　　令人更吃驚的是，寇斯在一九七四年發表那篇開拓性的文章，但薩繆爾森繼續用燈塔的例子，做為唯有政府才能供應的公共財的完美典型。直到我公開譴責薩繆爾森漠視寇斯的發現，[3] 薩繆爾森才在他的教科書第十六版的一個註腳中，承認私有燈塔存在於「古早年代」，但堅持私有燈塔仍面對不勞而獲（free rider）問題。[4]

公共服務的私人解決方案

　　燈塔不是公共財可以由私人企業提供的唯一例子。南加州有條民營收費道路；衛肯杭特矯正公司（Wackenhut Corrections）靠管理州立監獄營利；天主教學校提供比公立學校更好的教育；摩門教會提供比美國農業部食物券更好的福利計畫。仁人家園組織（Habitat for Humanity）為負責任的窮人蓋房子。

　　現在，三十八年來頭一遭，有一座私人興建的大聯盟棒球場──AT&T球場，舊金山巨人隊的新家。當灣區選民否決四個不同的公投案，使得政府籌款興建新球場，取代風大人稀的燭臺球場的計畫擱淺後，Safeway連鎖超市和美林證券（Merrill Lynch）的繼承人彼得‧麥格溫（Peter Magowan），與當地投資者合夥買下巨人隊，在大通證券（Chase Securities）1.55億美元貸款的協助下，花了3,450萬美元蓋新球場。巨人隊老闆也取得太平洋貝爾（Pacific Bell）、Safeway、可口可樂和嘉信理財（Charles

Schwab）的鉅額贊助。

迄今這座私立球場是一個轟動的成功故事，球場有四萬一千個座位，居然賣掉三萬張季票，售票率居聯盟之冠。巨人隊的八十一場主場賽幾乎銷售一空。其他球隊老闆持懷疑態度，他們的球場必須靠政府大量補助才能生存，但十來個球隊老闆已經前來參訪及研究他們怎麼做到的。其中一個訪客是洋基隊老闆喬治‧史坦伯納（George Steinbrenner），他正在興建一座10億美元的新洋基球場。[5]

經濟學家抨擊公共融資

民間出資興建大聯盟運動設施的概念，也許受到近期兩項深入調查的影響，專業經濟學家在調查中大力抨擊政府補助體育館的做法。在《大聯盟輸家》（*Major League Losers*）中，印第地安納大學教授（兼大球迷）馬克‧羅森特洛布（Mark Rosentraub）研究五個城市的體育館財務狀況，並一絲不苟地證明，職業運動在社區製造很少工作機會或漣漪效應。事實上，它們搶走郊區娛樂和餐飲場所的生意，而且常給市府帶來巨大虧損。[6]

布魯金斯研究所（Brookings Institution）的調查獲致類似的結論。羅傑‧諾爾（Roger G. Noll，史丹福大學）和安德魯‧辛巴李斯特（Andrew Zimbalist，史密斯學院）檢查七個城市的主要運動設施，發現這些市立體育館並非地方經濟發展和就業機會的來源，政府補助淨值大於社區獲得的財務利益。[7]

這些實證研究證實了公共財政一個歷久彌新、顛撲不破的原則，即課責原則：服務受益者應該付費給他們使用的服務。政治人物經常違反這個基本概念，多到令人吃驚的地步。例如，約

翰‧亨利（John Henry），一位身價3億美元的期貨交易員和馬林魚棒球隊老闆，試圖推動佛羅里達州議會通過一條法案，向遊輪乘客抽稅，以資助新的邁阿密球場。（幸虧這條法案被當時的州長傑布‧布希〔Jeb Bush〕否決了。）

體育經濟學家

經濟學家應用經濟學於棒球及其他運動，課責原則不是唯一的例子。取捨（trade-off）、機會成本和誘因，也是運動的重要面向。

布瑞德利（J. C. Bradley）是肯尼索州立大學和南方大學的助理教授，他給經濟學在體育方面的應用取了一個名字：賽博經濟學（sabernomics）。「賽博」是美國棒球研究學會（Society for American Baseball Research，簡稱SABR）的縮寫。賽博經濟學結合分析和統計方法及經濟學原則；它用多元迴歸分析（multiple regression analysis）及其他計量經濟學方法去測試各種推論。例如，為什麼美國聯盟的投手比國家聯盟的投手更常把球投到打者身上？一個假設是，一九七三年美國聯盟實施「指定打擊」（designated hitter，即DH制）規則，改變了觸身球的誘因，但國家聯盟仍未實施此制。有些經濟學家認為，在DH制下，美國聯盟投手不會因為擊中打者而遭到懲罰，因為投手永遠不必上場揮棒，不怕遭到報復。從一九二一至一九七二年，兩個職棒聯盟在觸身球方面始終沒有多大差別。但自一九七三年美國聯盟單獨實施DH制以來，美國聯盟一直有較高的觸身球率。從一九七三到二○○五年，美國聯盟的觸身球率比國家聯盟高出15%。「這是相當強的證據，顯示投手依照需求法則，對觸身球的價差做出反

應」布瑞德利總結。[8]

大聯盟運動的另一個議題是所謂的大城優勢。大市場球隊真的比小市場球隊具有先天優勢？批評者抱怨紐約、洛杉磯、芝加哥等大城，明顯比西雅圖、辛辛那提和坦帕等較小城市占便宜；但他們往往忽略了這個規律的例外，例如，洋基隊從一九八一到一九九五年連續十三年未打進季後賽。不過，證據很明顯；若比較每季贏球次數與市場的人口規模，大市場球隊確實呈現出雖微小但明確的優勢。[9]聯盟用各種方法阻止大城市占盡優勢，例如（1）顛倒選秀順序，讓最差的球隊優先挑選最好的新球員；（2）課奢侈稅，規定薪金總額超過一定數目的球隊，必須將某個比例（高達40%）的超額部分上繳聯盟；（3）收益分享，給予低收入球隊較多現金。有趣的是，前聯準會理事愛德華「奈德」·葛倫里奇（Edward "Ned" Gramlich）是長期棒球迷，職棒大聯盟經濟研究委員會的常任董事，這個人才濟濟的委員會是為了尋找方法幫助財務困難的球隊而成立。一九九二年，委員會提出一個建議方案，讓富球隊輸送部分利潤給窮球隊。一九九四年球員大罷工之後，職棒大聯盟採行此一收益分享計畫。

不過，有些經濟學家反對收益分享，因為它產生抑制作用，不利於贏球。「收益和贏球綁在一起，才能製造強烈誘因，促使球隊經理組織一支最有獲勝希望的隊伍上場比賽。小市場球隊老闆既然可以分食大市場的一杯羹，他可能寧可靠財富移轉過日子，也不願組一支好球隊。」[10]

第18章

誰是亨利・史匹曼？

懸疑小說經濟學

> 如果史匹曼有個真人模型，那人的身分仍是謎，至少對我來說。
>
> —— 赫伯特・斯坦（Herbert Stein）
> 《邊際謀殺》（*Murder at the Margin*）

現在談點輕鬆的。去年暑假我決定暫停寫作，休息一下，遂讀了三本謀殺懸疑小說，三本書的作者是馬歇爾・傑逢斯（Marshall Jevons），那是威廉・布瑞特（William Breit）與肯尼斯・艾辛格（Kenneth G. Elzinga）的筆名，兩位作者分別為聖安多尼奧的三一大學及維吉尼亞大學的經濟學教授。

初級經濟學，親愛的華生

這三本懸疑小說迷人之處在作者綜合經濟學基本原理來破案的巧妙方式。邊際效用、需求法則、消費者剩餘、機會成本、利潤極大化、賽局理論，還有亞當・斯密的看不見的手，全都在故事的發展和最後真相大白壞人落網中扮演一角。誠如書中的偵探主角亨利・史匹曼（Henry Spearman）在《邊際謀殺》中對當地

警探所說的：「初級，親愛的文森。這只不過是初級經濟學！」

讓我從每本書舉一個例子，但不洩漏整個情節。在《邊際謀殺》中，史匹曼之所以能夠排除富特太太謀殺親夫的嫌疑，是因為「通常女人離婚在經濟上比殺夫划算多了。」富特太太餘生可以領到的贍養費，遠超過她丈夫的死亡保險給付。顯然，富特先生一定是別人殺的。

在第二本小說《致命的均衡》（*Fatal Equilibrium*）中，史匹曼發現一位哈佛教授同仁的研究造假。該教授寫了一本書談某偏遠島嶼上各種商品的價格，史匹曼在讀這本書的時候發現一筆統計違反效用極大化法則。這位神探迅速推斷他的同事捏造數字……並因此殺人滅口，以免他的虛構研究被揭穿。

在第三本小說《奪命曲線》（*A Deadly Indifference*），史匹曼懷疑某人涉案，因為他買了一輛二手車，儘管他可以用同樣價格買到另一輛狀況更好的車子。史匹曼推論，嫌犯顯然重視第一輛車子的某個東西，使他合理化價格差異。那樣東西是找出兇手的線索。

捍衛自由市場

這個推理系列一個可愛的特點是對自由市場的偏執。亨利・史匹曼始終如一地捍衛經濟自由，抨擊社會主義思想。他支持自由貿易、經濟不平等、不完全競爭和私有財產權。這位經濟學家挑戰形形色色、深淺不一的集體主義者——人類學家、社會學家、環保論者、社會民主黨、凱因斯學派和仿馬克思主義者。

誰是這位自由市場經濟學家？

誰是亨利·史匹曼，這位傑出的自由市場擁護者？小說裡的史匹曼是位矮小、禿頭、頑固、不修邊幅的教授，也是美國經濟學會前主席，「一貧如洗的猶太移民之子」。布瑞特與艾辛格承認他們起先以米爾頓·傅利曼為模型，除了把芝加哥大學改成哈佛大學。「天下沒有白吃的午餐。」史匹曼在《邊際謀殺》（第九十頁）中表示。史匹曼也和傅利曼一樣老派守舊，用紙筆解題，不用電腦。但這位業餘偵探的關注點絕對是個體經濟性質，不是貨幣政策或宏觀理論化。

奧地利經濟學派也會很高興在亨利·史匹曼身上看到路德維希·馮·米塞斯的影子。（我要謝謝奧本大學經濟學家羅傑·蓋瑞森〔Roger Garrison〕指出這一點）。這位偵探兼經濟學家捍衛塞伊法則（Say's Law）、金融市場、廣告、競爭、商品貨幣，甚至方法論的二元論（methodological dualism）。「經濟學和化學的研究方法不同，」史匹曼宣稱。「一個地方適用的法則，拿到另一個地方未必適用」（《致命的均衡》第一一一頁）。在《奪命曲線》中，這位令人敬畏的教授在一九六〇年代中葉向劍橋大學全體教員做了一場不討好的演講，預言共產主義終將崩垮，因為它「不符合我們對人類行為動機所知的一切」（第三十六頁）。和預言社會主義經濟計算之不可能性的米塞斯一樣，史匹曼的極端立場也遭到奚落。

更像貝克爾？

不過，讀完三本小說後，我感覺亨利·史匹曼與蓋瑞·貝克

爾的相似程度更甚於其他任何人。貝克爾是芝加哥大學教授和諾貝爾獎得主，將經濟學應用到婚姻、犯罪及其他非傳統領域。[1]史匹曼亦如是，「將他的經濟學擴展到犯罪學領域。」他宣稱，「愛、憎、善心、惡意或任何涉及他人的感情，都可以用經濟學來分析」（《邊際謀殺》第六十一頁）。

史匹曼和貝克爾一樣，也偏愛阿弗瑞德・馬歇爾（Alfred Marshall）的經濟學定義：研究人在日常生活事務中的行為。「雖然他的一些年輕同事認為這個定義有點過時，他們認為經濟學是解決與真實事件無關的抽象謎題，但史匹曼認真看待這個定義」（《邊際謀殺》第一一三頁）。作者筆下的史匹曼精通統計學，用「實證證據」證實他的「高水準邏輯」（《致命的均衡》第一〇三頁）。蓋瑞・貝克爾忠實運用個體經濟學原則解決問題，和亨利・史匹曼的慣用手法如出一轍。他也許長得不像史匹曼，但他表現得像。

布瑞特與艾辛格發展這麼一個有創意、聰明的方法來解釋自由市場經濟學原理，值得我們喝采。這個推理系列引起熱烈迴響。許多教授將《邊際謀殺》和另兩本小說列為指定課外讀物。我建議你也把它們放進你的暑假必讀書單。

但願布瑞特與艾辛格兩人再接再厲，發揮創意，合編一齣百老匯舞台劇，叫做《看不見的手之懸疑案》！

第四篇

解決國際問題

經濟學家正在積極分析和解決全球議題，包括非洲、亞洲和拉丁美洲的極度貧窮；污染和環境退化；人口過剩；所得和財富分配不均；並製作經濟自由指數。

第19章

生態—經濟之爭

憤怒的地球或美麗的世界？

人類未來正遭受史無前例的威脅，使新千禧年允諾的光明前途蒙上陰影。

——看守世界研究中心（Worldwatch Institute），二〇〇二年[1]

我們知道環境出了問題……我的看法是情況正在改善。

——畢瓊·隆伯格（Bjorn Lomborg）[2]

畢瓊·隆伯格是丹麥統計學教授，多年來一直是環保行動主義者和綠色和平組織（Greenpeace）成員。他對保羅·艾力克（Paul Ehrlich）、萊斯特·布朗（Lester Brown）等人，及看守世界研究中心、綠色和平組織和山巒協會（Sierra Club）等團體表述的馬爾薩斯派觀點深信不疑，認為世界即將耗盡可再生的資源、乾淨的水和林地；地球污染日益嚴重；人口以爆炸的速度成長。

然後突然冒出了朱利安·賽門（Julian Simon），這位來自馬里蘭大學的美國經濟學家，挑戰隆伯格的思想。賽門出版了幾本書和論文，裡面充滿數據支持他的觀點，他認為人類生活實際上在好轉，已開發世界的空氣變得較不污染，飢餓的人比以前少，

人口成長速度在減緩。[3]

　　賽門提出兩個壓倒性的論點，駁斥悲觀論者：首先，長期而言，天然資源幾乎取之不盡、用之不竭，因為資源短缺會造成價格上升，鼓勵人們發掘更多蘊藏資源和使用替代品。企業家和發明家始終不斷發展新的科技和降低成本的方法，使更多資源可以被發現和開發利用。其次，龐大和持續增長的人口導致生活水準提高，因為它增加有用知識和技術工人的存量。

　　隆伯格決定檢驗賽門的統計。一九九七年秋天，他率領一群學生檢查賽門的數據。他們的結論是，賽門是正確的。隆伯格徹底改變立場，並於二〇〇一年公布他的發現於《持疑的環保論者》（*The Skeptical Environmentalist*），在環保界引起軒然大波。這本書造成如此大的衝擊，以致《時代》雜誌將隆伯格選為全世界最有影響力的百人之一。

　　現在隆伯格和賽門聯手，反駁永遠看衰的環保論者的大部分主張。隆伯格表示，自二次大戰以來，全球森林面積已經增加；世界人口增長率在一九六四年達到顛峰，此後即呈下跌趨勢；過去五十年僅0.7%的物種消失；世界上無法取得水的人比過去少；全球傳染病發生率持續下降；極度貧窮／飢餓的人數也在減少；世界上很多地方的空氣污染程度正在減輕。

　　經濟學家也拆穿了經濟發展是環境退化元凶的流行迷思。在很大程度上，真相剛好與之相反。隆伯格表示：「環境發展往往起源於經濟發展——我們僅僅在夠富裕時，才負擔得起相對奢侈的環境關懷。」[4]

全球暖化怎麼說？

但怎麼解釋全球暖化，那個超乎一切的憂慮，擔心資本主義生活方式正在改變氣候，可能對生態系統造成萬劫不復的傷害？證據清楚顯示，上個世紀的氣溫確實升高了，但問題仍然是：氣溫升高究竟多少是全球二氧化碳（CO_2）排放造成的，最佳對策又是什麼？經濟分析顯示，劇烈減少二氧化碳排放量的做法，遠比適應全球暖化的代價昂貴得多。[5]

隆伯格在他最近的著作《暖化？別鬧了》（ *Cool It* ）中主張，目前被列入考慮的許多複雜和昂貴的抗暖化行動，成本動輒千億上兆美元，卻常基於情緒性而非嚴謹科學性的假設，而且很可能對未來數百年的世界氣溫影響很小。「那是一門虧本生意，」他總結。遺憾的是，這個爭議往往流於情緒化和叫囂謾罵。隆伯格用了幾章篇幅，細數那些故步自封的氣候學家對於任何質疑其正統的人的批評，藉此顯示當前辯論不容異己、反民主的氣氛。隆伯格本人則採取比較不情緒化的立場，詳細解釋為什麼歇斯底里的態度不適合討論當前問題。他從破除北極熊瀕臨絕種的迷思著手，詳細討論這個議題；首先引述從高爾（Al Gore）到世界自然基金會（World Wildlife Fund）的資料來源，然後證明自一九六〇年代起，北極熊的數目實際上增加了五倍。

隆伯格堅信氣候變遷是真的，但他基於數據和經濟分析的研究方法，引導他採取一條不同的解決之道。他說，與其一開始就用最激進的方法處理長期變遷，不如先集中資源解決更急迫的眼前問題，例如防治瘧疾和愛滋病，確保和維持安全、乾淨的水供給，這些問題只需要花一點點成本就可以解決，還可以在我們有生之年拯救幾百萬人性命。[6]

污染國度：公地的悲劇

經濟學家在環境爭議中也強調「政府失靈」。近期研究揭露，低度開發國家（包括前蘇聯）相較於工業國家，有更多的污染、更低的健康水準和更大的環境危害。經濟學家泰瑞・安德森（Terry Anderson）與唐納德・李爾（Donald Leal）指出幾個政府管理不當的例子：國家公園如黃石公園破損失修；美國國家公園管理局聲名狼籍的浪費公帑（花33萬美元蓋一間戶外廁所）；加拿大政府摧毀鱈魚業；巴西和印尼政府強迫移民燃燒曾經蒼翠的原始雨林，以便種植莊稼。[7]

經濟學提供切實可行的辦法解決污染和環境退化問題。其中一個問題叫做「公地的悲劇」（tragedy of the commons）。加州大學聖塔巴巴拉分校榮譽退休生物學教授蓋瑞特・哈丁（Garrett Hardin），在一九九六年的《科學》期刊（Science）上，發表一篇深具啟發性的文章，說明當資源為公共所有，而非私人所有時，往往遭到過度利用。舉例來說，如果一片牧草地不屬於任何人，每一個牧人都有誘因多養一頭羊，直到羊群總數超出這塊地的負荷能力。同樣的，如果一片森林不屬於任何人，則沒有人有誘因去種植新樹來填補被砍伐的樹。最後，「公地自由摧毀一切。」[8]

因此，缺乏所有權和市場價格造成「公地的悲劇」——非必要的污染、動物滅絕、森林破壞、露天採礦等等。起初政府偏愛用管制的方式來解決問題，但經濟學家支持對水域、漁場和林地制訂明確的所有權，附帶價格標示，致使物主可以用平衡的方式保育和更新這些資源。

碳交易，或碳稅？

一九九〇年代，經濟學家扮演重要角色，促成一九九〇年清潔空氣法（Clean Air Act）的通過，首度建立「排污交易」機制。清潔空氣法建立第一個「總量管制與交易」（cap-and-trade）制度，以減少二氧化硫（SO_2）的排放，二氧化硫是酸雨的元凶。總量管制與交易制度利用市場力量，以符合成本效益和靈活的方式，減少溫室氣體排放。本質上，排污交易創造財務誘因去減少污染。

以下說明它的運作方式。首先，政府環保機構制訂一個特定產業（如發電廠或採礦公司）可以排放的污染物上限（即「總量管制」）；新上限規定的排放量再切割成個別許可——通常以一噸污染物為單位——分配給廠商，代表該廠商可以免費享有的排放額度。然後公司可以在交易所自由買賣排放許可（即「交易」）。排放量低於配額的公司，可以將其許可出售給排放超額的公司。

這個制度如何鼓勵整體污染減少？排放許可的買方和賣方都可以藉由減少污染而獲利。如果A廠是低污染者，排放量低於配額，它可以將餘額賣給高污染的B廠。減少排放可以讓A廠售出更多許可，賺更多錢。減少排放可以讓B廠少買一些許可，因此省錢。減少污染造成雙贏。

因此，總量管制與交易制度對污染者不斷施壓，同時製造財務誘因，促使企業採用或發明新的減少污染技術，以創新和符合成本效益的方式，達到或超越它們的減排目標。這套制度已證明在環境和經濟上雙雙成功——只用了預期成本的一小部分，就達到減少二氧化硫排放的效果。此外，環保團體也做起購買和回收

污染額度的生意，因此也對降低整體污染做出貢獻，並根據需求法則提高餘額的價格。有些公司也退回它們的污染額度，將之捐給非營利的環保團體，換取減稅的好處。

歐盟及其他地區亦設計自己的二氧化碳排放總體管制與交易制度。影響所及，歐洲如雨後春筍般冒出許多圍繞著排放額度交易的有益競爭。歐洲氣候交易公司（ECX）市值一飛沖天，造成其控股公司，在英屬曼島註冊的氣候交易有限公司的股票在倫敦證券交易所大漲。歐洲氣候交易公司的排放合約總量，從二〇〇五年的九四三〇萬公噸，暴增到二〇〇七年的六億公噸以上。

有些環保團體和經濟學家批評總量管制與交易制度太易波動和不確定，難以達到減少污染的目標。美國從一九九〇年代中期開始進行二氧化硫許可的交易，其價格一年內可以上下波動40%以上。極端的價格波動也可能嚇阻人們投資於綠色科技。此外，總量管制與交易制度不能帶給政府任何稅收，使政府不能利用額外收入減少其他無效率的租稅。批評者屬意直接向企業抽碳稅。即使抽碳稅，仍然有問題。政策制定者有足夠的知識，去制訂最理想的稅嗎？奧地利經濟學家海耶克警告，要指望中央政府知道什麼是最適當的排放水準和最理想的稅率，簡直是緣木求魚。

總之，自由市場環保論已經有了很大的進步，顯示如何用比較綠的「看不見的手」，取代法令規章的拳頭。許多自由市場派智庫，如財產與環境研究所（Property and Environment Research Center，簡稱PERC）及競爭企業學會（Competitive Enterprise Institute），已開始挑戰山巒協會和綠色和平組織的至高無上地位。[9]地球日（Earth Day）變天指日可待。

第20章

人口炸彈

經濟學家加入馬爾薩斯論戰

在此世界歷史上非常關鍵的時期，人口過剩是對人類幸福與進步最嚴重的威脅。

——朱利安·赫胥黎（Julian Huxley，一九六二年）[1]

一九六八年山巒協會出版一本危言聳聽的書，叫做《人口炸彈》（*The Population Bomb*），作者保羅·艾力克是位年輕的史丹福大學生物學家。艾力克描繪一幅恐怖景象，警告「到此地步為時已晚，無論做什麼都阻止不了全球死亡率大幅上升……一九七〇年代世界將經歷飢荒——數以億計的人將活活餓死。」什麼事能引發這個災難？艾力克用馬爾薩斯的口吻說：「我們必須採取行動，在人口壓力永久壓垮地球之前，逆轉環境退化。生育率必須降至與死亡率相抵，否則人類會被自己的繁殖淹沒。」[2]

艾力克及山巒協會喚醒世人注意一個議題，這個議題已吸引政府、基金會和世界各地樂善好施的富人注意：人口控制，尤其在高生育率國家。艾力克那幫人主張，不受控制的人口成長對世界構成威脅，因其耗費太多寶貴資源，破壞荒野，砍伐太多樹木，污染環境。談到發展中國家，艾力克抄了一頁十九世紀政治經濟學家湯瑪士·羅伯·馬爾薩斯（Thomas Robert Malthus）

——第一位挑起人口過剩議題的政治經濟學家——所辨別的「人口—糧食危機」，表示「低度開發國家每一年糧食產量比迅速的人口增長多落後一點，人民比前一年多餓一點……大規模飢荒如今看來不可避免。」³

第一位杞人憂天的人口論者：馬爾薩斯牧師

湯瑪士・羅伯・馬爾薩斯（一七六六到一八三四年）是英國牧師，一七九八年，也是他三十二歲那年，出版了一本匿名作品，題名為《人口論》（*Essay on Population*）。他在文中表示，地球資源不可能跟上不斷增長的人口需求。這本憂心忡忡的小冊子永遠改變了經濟學和政治學的景觀，迅速打斷亞當・斯密、塞伊、富蘭克林（Benjamin Franklin）等啟蒙運動思想家的積極正面看法。馬爾薩斯斷言，人口施加於有限資源的壓力，將永遠使絕大多數人類活在勉強活命的邊緣。

馬爾薩斯對當代思想造成強大影響。他被視為人口統計和人口研究的創始者。他是公認的社會工程導師，鼓吹嚴格的人口控制，使之限制在經濟成長範圍之內。他的人口論是許多持陰鬱和宿命論觀點的科學家和社會改革者的立論基礎，這些人預測人口對資源壓力將導致貧窮、犯罪、饑饉、戰爭和環境退化。他甚至啟發了達爾文（Charles Darwin）寫下生物演化論，描述當有限資源面對無限需求，如何產生物競天擇、適者生存的力量。最後，馬爾薩斯（和他的朋友李嘉圖）的宿命悲觀論給經濟學招來「憂鬱科學」之名。

馬爾薩斯的世界末日論點是：「人口的力量永遠大於地球生產人類生存物資的力量。」因此大多數人注定活在霍布斯主義的

生存至上、弱肉強食的狀態（Hobbesian existence）。[4]他的書辨認兩個基本的「自然法則」：一，人口傾向於以等比級數增加（1、2、4、8、16、32……）；二，糧食生產（資源）傾向於以等差級數成長（1、2、3、4、5……）。維持人類生命的手段「受到土地不足的限制」，以及有效資源「不斷縮減的趨勢」，意指報酬遞減定律。由於地球資源不能滿足愈來愈多人口的需求，結果必然是「悲慘和罪惡」的危機。[5]

馬爾薩斯的第一個「自然法則」，即人口按等比級數增長，是否正確？的確，自馬爾薩斯寫下他的論文以來，世界人口已從不到十億人，暴增到六十億人以上。然而，更深入分析世界人口自一八〇〇年以來的激增，我們發現原因和馬爾薩斯的法則無關。人口增長是馬爾薩斯不曾料到的兩個因素造成的。首先，嬰兒死亡率驟減，因為醫療技術進步，消除了許多威脅生命的疾病和健康問題。其次，平均壽命持續延長，因為衛生狀況、健康照護和營養的改善；生活水準的提高；醫學的突破；意外事故發生率的減少。結果是，更多嬰兒長大成人，更多成年人活得更久。

此外，世界人口有很大機會即將觸頂，尤其因為過去五十年出生率急遽減緩，工業國家和發展中國家皆如此。出生率降低主要是財富效應造成的：比較有錢的人傾向於生比較少孩子（和馬爾薩斯的預測相反）。過去五十年，已開發國家的出生率已從2.8‰降到1.9‰，發展中國家則從6.2‰減至3.9‰。這個趨勢確定無誤。現在女人生較少小孩，在一些先進國家，特別是歐洲，出生率遠低於人口替換率（replacement）。今天在歐洲沒有人擔心馬爾薩斯的人口過剩。豈止如此——他們更擔心歐洲人快絕種了，以及他們愈來愈依賴移民。

馬爾薩斯的疏忽之過

馬爾薩斯的第二個「自然法則」，即資源有限並受到報酬遞減定律的限制，又是如何呢？在此，歷史再度否定馬爾薩斯。報酬遞減定律僅僅在我們假設「其他所有條件維持不變」的條件下才成立，換言之，技術和其他資源的數量必須是固定的。但長期而言，沒有一種要素投入一成不變，無論土地、勞力或資本。事實上，由於精耕技術和綠色革命，土地在現代世界的經濟重要性逐漸減少。馬爾薩斯忽略了農業的技術進步，新的礦產及其他地下資源不斷被發現，以及價格在決定資源消耗速度快慢上發揮的功能。簡言之，他沒有看到人類的聰明才智。[6]

事實證明，馬爾薩斯在糧食生產、農業科技的出現、肥料的使用，以及灌溉系統的大幅擴張上錯得離譜。耕地面積和糧食產量已巨幅增加。大部分的饑荒可以歸咎於錯誤的政府政策，而非自然。

馬爾薩斯的故事有啟發性，可以幫助我們了解成長中的經濟與擴張中的人口的動態關係。誠然，馬爾薩斯承認政府干預通常對減少貧窮和控制人口成長有反效果，因此他追隨亞當·斯密採取自由放任政策（他被批評者污衊為反對濟貧計畫、節育，甚至種牛痘）。但他終究背離了他的導師，拒絕相信大自然和自由市場有能力配合資源供給與越來越多人口的越來越大需求。基本上，他不理解價格和財產權做為一種誘因，可以約束稀有資源的使用，是解決問題的機制。更糟的是，他誤解一個越來越具企業精神的經濟體的動力——廣大人口如何藉由創造新的觀念和新的技術，孕育自己的繁榮種籽。

第21章
一個私部門消滅赤貧的辦法

身體健全的窮人不想要也不需要施捨⋯⋯他們缺的只是金融資本而已。

——穆罕默德・尤努斯

經濟學家威廉・伊斯特利（William Easterly）去紐約大學教書前，大部分成年歲月在世界銀行（World Bank）度過，住在第三世界，協助窮國發展成富國。他寫了一部極受好評的書《在增長的迷霧中求索》（*The Elusive Quest for Growth*），提醒世人創造適當環境以利於永續成長和逃離貧窮的惡性循環是何其困難。但更重要的是，伊斯特利告誡他的前雇主世界銀行，外援和政府施行的大部分政策，根本不可能幫助窮國。儘管他承認消滅貧窮「沒有仙丹」，但顯然「誘因很重要」，「政府能扼殺成長。」[1]

外援計畫、國際貨幣基金（IMF）貸款及世界銀行專案的浪費和濫用，早已為經濟學家所詬病。[2]彼得・鮑爾爵士（Lord Peter Bauer）是反對政府發展計畫的急先鋒。在二十世紀後半段，他大聲疾呼發展中國家的政府援助只會阻礙經濟成長。[3]伊斯特利在他後續出版的書中，指稱國際貨幣基金和世界銀行為「傲慢自大不向任何人負責的外援官僚。」他給這兩個機構下的

結論是：經過五十年，花掉超過2.3兆來自西方的援助款之後，可以拿出來炫耀的成果少得駭人。[4]

但如果廢除國際貨幣基金貸款、外援和世界銀行，我們應該做什麼來減輕貧窮，尤其那些只靠2美元或更少的錢來活一天的十億人的困境？鮑爾及其他古典自由主義派提倡建立財產權、法治和穩定的貨幣政策，減少貿易障礙，增加外國投資，在國內鼓勵自由市場和有限政府。但這樣就夠了嗎？

私部門微型貸款

在這方面私部門的成功不容忽視，這個蓬勃發展的滅貧計畫叫做「微型貸款」（microlending），由獨立的銀行和機構，借極小額的貸款給第三世界自雇謀生的個體戶。最著名的微型貸款機構是鄉村銀行（Grameen Bank），一九八三年穆罕默德‧尤努斯在世界最貧窮的國家孟加拉所創立。不到三十年時間，尤努斯和他的鄉村銀行對於減少赤貧的貢獻，超過整個2.3兆被浪費掉的外援計畫。

本書一開始就介紹過，尤努斯是一位專業經濟學家，多年來任教於孟加拉吉大港大學。在課堂上講了幾年貧窮和經濟成長後，他終於決定採取行動。一九七六年，尤努斯在訪問大學附近喬布拉村最貧戶的過程中，發現非常小額的貸款可以對一個窮人造成極大的差別。這些一貧如洗的婦女靠編竹製家具維生，為了買竹子，她們必須借高利貸。然後把編好的家具賣給放貸者，以償還貸款。她們只從中賺取0.50塔卡（0.02美元），不夠養家活口。尤努斯借給她們的第一筆貸款相當於每人27美元，錢來自他自己的荷包，借給喬布拉村四十二名婦人。這筆貸款成為一個

全球事業的濫觴。

唯有經濟學家才會想出這樣的濟貧計畫。幾世紀以來，仁人善士和社會名流捐了幾十億元，成立各種免稅的基金會來幫助窮人，但是像尤努斯教授這種學過課責、誘因、損益、節約、教育等原則的人，才知道來自營利銀行的貸款計畫能真正起作用。

當我說「小額貸款」時，我的意思是小到微不足道。鄉村銀行每筆貸款只有區區30～200美元。申請者不必識字。不需要抵押或信用調查。令人驚奇的是，至今鄉村銀行已經在孟加拉貸出這樣的微型貸款給幾百萬窮困潦倒的人，總額達30億美元。這些貸款不是免息的施捨。鄉村銀行是一家自負盈虧的民營銀行，向貸款人收18%利率。壞帳率呢？不到2%。這個耀眼的紀錄是靠一個規定達成的，那就是貸款人必須加入互助小組。小組中任何一人賴帳，其他每個人都不能再借錢。因此是社會壓力，而非討債機構，使貸款人按時還錢。

鄉村銀行借錢給創業家，絕大多數是婦女，他們只需要幾塊錢買材料和工具。貸款人可能想編竹椅、賣羊奶或拉人力車。由於不必再借利息高得嚇人的高利貸（通常月息20分），這些人終於能夠打破貧窮循環。他們的小本生意逐漸壯大，有些人用賺來的錢給家人蓋新房子或修舊房子（通常是用鄉村銀行的300美元房屋貸款）。成千上萬的鄉村銀行貸款人現在擁有土地、房子，甚至行動電話。他們送子女去上學。他們不再飢餓。尤努斯計畫發行私募股票，最終目標是將他的抗貧計畫公開上市。

鄉村銀行的成功，激發了其他微型貸款機構如雨後春筍般在世界各地冒出。這個概念已在各地建立信譽，到了世界銀行、其他政府機構，甚至以營利為目的的西方銀行無法忽視的地步，紛紛做起百萬元微型貸款的業務。

向世界銀行說不

但尤努斯不願跟世銀有任何瓜葛。他在自傳《窮人的銀行家》(*Banker to the Poor*)裡撻伐世銀:「我們鄉村銀行的人從來不想要也不接受世銀融資,因為我們不喜歡世銀做事的方式。」他對外援也沒多少好感:「大多數富國主要用它們的外援經費雇他們自己的人,賣他們自己的貨品,減少貧窮是美其名曰的說法。⋯⋯外援計畫創造龐大的官僚機構,這些機構很快就變得貪污腐敗和無效率,造成巨大虧損⋯⋯。援助款還被用來擴大政府支出,往往違反市場經濟的利益。⋯⋯外援變成一種照顧權貴的善舉,在此同時窮人變得更窮。」[5]這席話之一針見血,連彼得．鮑爾也得甘拜下風。

從馬克思主義到市場主義

更令人驚奇的是,這段話出自一個從小在馬克思主義經濟學影響下成長的人之口。但自從在范德堡大學取得經濟學博士,並親眼看到「市場(在美國)如何解放個人」,尤努斯否定社會主義。「我真的相信全球自由市場經濟的力量,及運用資本主義的手段。⋯⋯我也相信提供失業救濟不是解決貧窮的最佳辦法。」因為相信「每一個人都是潛在的創業家,」尤努斯堅信貧窮可以根除,只要借給窮人創業所需的資本,使之能夠經營有利可圖的生意,而不是發放政府賑濟或強迫推行人口控制。

他過去的馬克思主義派同仁稱此為資本家的陰謀。「你所做的其實是,」一位馬克思派教授告訴他,「給窮人一點點鴉片⋯⋯冷卻他們的革命熱情。因此,鄉村銀行是革命的敵人。」[6]

完全正確。他是暴力推翻資本主義社會的敵人。他的計畫是「透過商業促進和平」的最佳模範。也因為如此，穆罕默德‧尤努斯當之無愧獲得二〇〇六年諾貝爾和平獎。

第22章
貧與富：印度與香港之比

印度政府幾乎大事小事無所不管，因此進步非常緩慢；反
之，香港政府放任一切不管……結果生活水準倍增。
　　　　　　　　　── 約翰・坦伯頓（John Templeton）[1]

共同基金大亨約翰・坦伯頓在一九三〇年代周遊列國，特別
注意到英國統治下兩個極度貧窮的亞洲國家：印度和香
港。一九七〇年代，睽違四十年後，坦伯頓舊地重遊。他再度目
睹印度難以置信的貧困，現在這個國家政治上已經獨立了。香港
卻脫胎換骨。「香港的生活水準在四十年內翻了不只十倍，但加
爾各答的生活水準幾乎毫無改善。」[2]

今天這兩個地區都脫離了英國統治，但對比之鮮明尤甚以
往。香港享有全世界最密集的財富。印度，即使近年來已有相當
大的進步，仍忍受全世界最密集的貧窮。[3]

一九八〇年代初，發展經濟學家彼得・鮑爾寫了一篇著名的
短文，他在文中思索：「你怎樣評估一個亞洲國家的經濟前景，
這個國家只有很少的土地（況且還是被侵蝕的山坡地），確實是
世界人口密度最大的地方；它的人口快速增長，既來自自然增
長，也來自大規模移民；它的石油和原料全靠進口，連大部分的
水都靠進口；它的政府不做發展計畫，不施行外匯管制，也不限

制資本輸出和輸入；它是世上碩果僅存的重要西方殖民地。」[4]

　　的確，香港的前景黯淡。但由於製造廉價產品，出口到遙遠的西方，它竟然變成東南亞的經濟重鎮。儘管它的七百萬人口擠在四百平方英里的彈丸之地，今日其國民所得竟可以媲美日本。是什麼因素打破貧窮的惡性循環？根據鮑爾的看法，香港的經濟奇蹟並非依賴金錢、天然資源、外援，或甚至是正式教育，而是靠「人民的積極、勤勉、進取心、節儉和能力⋯⋯。」[5]

　　另一個同樣重要的因素是，英國殖民政府不干預香港的民間決策。它採取自由放任的經濟政策，除了津貼住宅和教育。中共在一九九七年收回香港之後，延續這個大致不干預的政策，因此香港持續繁榮興旺，有穩定的貨幣、自由港和低稅。其最高所得稅率是18%，而且不課資本利得稅。費莎學會（Fraser Institute）的經濟自由指數一向將香港評為世界第一。[6]

從悲慘的印度⋯⋯

　　印度的故事截然不同。它的十億人口仍相當貧窮。但和香港不同的是，印度擁有寶貴的天然資源，包括森林、魚、石油、鐵礦、煤和農產品等等。自一九四七年獨立以來，它已達到糧食自給自足，但仍未擺脫極度貧窮。

　　很多權威人士將問題歸咎於印度的反資本主義文化，它的宿命論種姓制度、人口過剩問題，還有炎熱和潮濕的氣候（幾年前我們在六月參觀泰姬瑪哈陵，氣溫高達華氏一一七度，濕度也很高）。但傅利曼揪出真正的罪魁禍首，他寫道：「正確的解釋是⋯⋯問題不在它的宗教或社會態度，也不在它的人民素質，而在於印度政府採行的經濟政策。」[7]

的確，獨立後的十年，尼赫魯及其他印度領導人深受倫敦經濟學院哈洛德・拉斯基（Harold Laski）及其費邊社同志（Fabians）影響，這些人宣揚蘇維埃路線的中央計畫。印度實施五年計畫、重工業國有化，並執行進口替代法規。更糟的是，他們延續英國文官傳統，施行外匯管制，並規定開業需要執照。

時至今日，印度仍是一場官僚主義的惡夢。[8]帕斯・沙（Parth Shah）是經濟學家和「公民社會中心」（www.ccsindia.org）負責人，[9]他描述最近回到印度，千辛萬苦在新德里找公寓（拜租金管制之賜），然後花半天時間排隊繳第一張電話帳單，再花半天排隊繳電費的經過。「貪腐已變成每一個層級公務員的常態，」著名印度作家吉塔・梅塔（Gita Mehta）表示。[10]印度在費莎學會的經濟自由指數上年年徘徊在一百名左右。

……到嶄新的印度

但印度還有救。一九九一年，面對無法償還外債的危機，印度拋棄它維持了四十年的經濟孤立和計畫，解放該國的企業家。它賣掉許多國營公司，降低關稅和其他租稅，取消大部分價格和外匯管制。結果，自一九九○年代中期起，印度成為世界成長最快的經濟體之一，平均每年成長近10%。最重要的是，儘管富人變得更富，印度的貧窮率也急遽下降。

印度能否追上香港？以其身為世界人口最稠密的國家來看，似乎不可能。但印度仍可能大幅進步，它可以減少政府赤字；進一步降低關稅和其他租稅；將更多國營企業改成民營；取消對企業的條條框框限制；重建廉潔的政府。印度已成為世界外包服務的重鎮，因此跨國企業也扮演重要角色。這是一個艱鉅的任務，

但要實現亞當‧史密斯所說的「延伸到最底層人民的普遍繁榮」，這是唯一途徑。[11]

第23章
亞洲經濟奇蹟是真的嗎？

新加坡靠資源動員獲得成長，史達林死後有知也會面上有光。

——保羅·克魯曼，〈亞洲奇蹟的神話〉
《外交雜誌》（*Foreign Affairs*）一九九四年十一／十二月號

如果我們的成功有公式可循的話，那就是我們不斷研究如何把事情做好，或如何精益求精，把事情做得更好。

——新加坡前總理李光耀[1]

戰後亞洲的經濟奇蹟令許多政治專家跌破眼鏡。近代教科書中，少有歷史學家描述日本繁榮之神奇，和亞洲四小龍（香港、新加坡、韓國和台灣）或新興工業化經濟體（印尼、馬來西亞和泰國）之奧秘。即使中國的經濟奇蹟也只在最近才被重視。

一九四五年，絕望、飢餓、破碎的日本是世界上最貧窮的國家之一。那裡沒有摩天大樓，沒有金碧輝煌的銀行，沒有汽車和電子工業。但短短一生的時間，日本已變成超級經濟大國，躍登全世界第二富裕的國家，僅次於美國。

香港面對艱鉅困難：六百萬人擠在四百平方英里彈丸之地，

沒有石油或其他天然資源，大部分的水和食物靠進口，貿易夥伴遠在數千哩之外。但這個小小英國殖民地打破貧窮的惡性循環，成為太平洋盆地第二繁榮的國家。

自一九六五年起，東亞二十三個經濟體成長得比世界其他所有地區都快。高效能的亞洲經濟體經歷了極快速的成長和所得提高。亞洲人生活在絕對貧窮中的比例大幅減少。平均壽命從一九六〇年的五十六歲，增至一九九〇年的七十一歲。[2]

奇蹟的成因

為什麼美國歷史學家直到最近仍對這些經濟成功故事視而不見？也許因為亞洲發展模式不怎麼符合凱因斯學派的經濟架構和政策處方，後者偏愛高消費、高負債和高政府支出水準。在幾乎所有快速成長的東亞經濟體，政府課稅和中央計畫的程度相當低，以凱因斯的標準來衡量，則是儲蓄率過高，政府預算通常有結餘，福利制度相對小。世界銀行在一九九三年的研究報告中指出：「每一個經濟體的快速成長主要是因為運用一套共同的、有利於市場運作的經濟政策，導致更高的資源累積和更好的資源分配。」[3]

克魯曼的挑戰

此時突然殺出保羅‧克魯曼教授，給整個亞洲奇蹟的概念潑冷水。克魯曼在普林斯頓大學教書，是權威媒體的寵兒，一再被譽為絕頂聰明的青年才俊，諾貝爾獎大熱門人選，《經濟學人》雜誌還譽之為「他那一代最負盛名的經濟學家。」克魯曼認為亞

洲經濟成長一點也不神奇。它似曾相識，是蘇聯在一個已逝年代（一九二〇至一九九〇年）的驚人成長率的借屍還魂。克魯曼看到東亞和前蘇聯之間「令人驚異的相似處」。兩者都進行「異乎尋常的資源動員」。在蘇聯的例子，克魯曼指出，「史達林主義計畫者把幾百萬工人從農村遷到城市，逼迫幾百萬女人加入勞動大軍，逼迫幾百萬男人延長工時，推行大規模教育計畫，最重要的是，將愈來愈大比例的全國工業產值再投入新工廠的興建。」[4]

根據克魯曼的說法，東亞領袖和史達林一樣獨裁，將更多人口送去工作，提升教育水準，大手筆投資於實物資本。簡言之，東亞只不過和蘇聯一樣，「純粹靠資源動員來實現成長。」

而且，恰似蘇聯，東亞的成長多半會逐漸減緩，因為勞力和資本有極限。克魯曼表示：「在未來十年以及未來，東亞很可能繼續成長得比西方快。但它不會維持近年的成長速度。」[5]換言之，亞洲的前途將受制於報酬遞減法則。

數字的暴政

我對克魯曼不食人間煙火的亞洲奇蹟分析大大不以為然。首先，他拿蘇聯來做比較是語不驚人死不休，但這個比較根本是錯的。蘇聯主要是計畫經濟（command economy）；亞洲國家（除了中國）則是相當自由的經濟體。史達林主義者進行嚴酷的工業化和軍事化，不惜犧牲蘇聯的生活水準。在此意義上，蘇聯的成長數字大部分是虛構的。如蘇聯專家馬歇爾・古德曼（Marshall Goldman）在一九八〇年代初所言：「這個體系繼續生產鋼鐵和基本工具機，儘管它真正需要的是糧食、消費品和更現代的科技。」[6]

反之，亞洲則動員資源來生產日益精密複雜，符合國際市場需求的各式產品，因此大幅提高了其本身的生活水準。

新加坡的經濟奇蹟

　　讓我們更仔細看看新加坡的例子。新加坡是否如克魯曼所言，是蘇聯式的計畫經濟？我們可以從李光耀在自傳裡記述的新加坡歷史看出端倪。李光耀在一九六五年新加坡獨立後，成為這個微小、赤貧的前英國殖民地第一任新總理。在他的治理下，新加坡只花了一代人的時間就轉型成亞洲巨人，擁有世界第一的航空公司、最好的機場、最忙碌的貿易港，以及世界第四高的平均國民所得。

　　這個經濟奇蹟是怎樣發生的？

　　首先，李光耀領導有方。他一生成就非凡，對亞洲影響深遠。他在英國人留下的真空中，從無到有建立軍隊，贏得工會支持，摧毀共黨勢力。他不顧強烈反對，堅持將英文列為四種官方語言之一，因為他知道英文正迅速成為國際商用語言。彼時新加坡和其他東南亞國家一樣，裙帶關係、偏袒徇私、行賄貪污盛行；李光耀雷厲風行整頓法院、警方、移民署和海關。如今的新加坡被評為亞洲最廉潔的國家。彼時新加坡也骯髒，因此李光耀展開「清潔與綠化」運動，清理河川、運河和排水溝，種植幾百萬株樹木、棕櫚和灌木。

　　李光耀政府拆除破陋茅棚，改建公寓大樓。他以嚴刑峻法懲治兇殺及其他犯罪，樹立法律與秩序。今天新加坡治安在世界排名第一。交通壅塞是亞洲城市一大通病，為了減少塞車，新加坡建造地鐵系統，並實施電子道路收費辦法。每一輛車在擋風玻璃

上裝設「智能卡」，收費標準依使用的道路和一天不同時段而定。尖峰時段收費較貴。「由於現在人民用多少路付多少錢，我們可以擁有最大限度的車輛數目，而達到最低限度的塞車。」[7] 我們已在第十二章討論過這個健全的交通系統。

李光耀拒絕蘇聯式的中央計畫和國內重工業，雖然他確實指定某些產業為發展目標。他以雙管齊下的方式發展新加坡：首先，新加坡政府鼓勵國內產業跳過近鄰，直接與歐美和日本的已開發世界接軌，吸引它們的製造商來新加坡生產。其次，李光耀在第三世界打造一個第一世界的綠洲，建立一流的治安、健康、教育、通訊和運輸水準，及一個提供穩定貨幣、低稅和自由貿易的政府。他希望新加坡成為世界各地跨國公司的大本營。經過多年努力，這個策略奏效了。

在李光耀的卓越領導下，新加坡的進步遠超出任何人的夢想。但我們也不能忽視他的錯誤——他的大家長式鐵腕作風，他促進特定產業的干預手段，他的強迫儲蓄計畫，他的箝制新聞自由，還有他對某些犯罪過於嚴苛的懲罰。李光耀於一九九〇年卸任總理，但繼續在他兒子李顯龍領導的政府裡擔任「內閣資政」，李顯龍於二〇〇四年繼任該國第三任總理。新加坡至今仍是亞洲成長最快的國家之一。

亞洲的啟示

自一九九四年寫下對亞洲的負面評價後，克魯曼已被證明看走了眼。亞洲至今未出現報酬遞減的跡象。反倒是中國的成長，讓我們看到了報酬遞增。最後，克魯曼以管窺天，未得全貌。真正的問題是：為什麼亞洲以外的發展中國家很少能製造它們自己

的奇蹟？還有，工業國家如美國和歐洲能從亞洲奇蹟中學到什麼？

答案很清楚。亞洲經濟體的快速成長有幾個原因。第一，它們大都對市場友善，避免工資—價格控制和過度的企業管制。第二，它們促進總體經濟穩定，避免高通膨率和預算赤字，限制政府積極作為，阻止社會福利計畫。第三，它們提供穩定安全的金融和司法體系（一九九七年亞洲貨幣危機是一個例外）。第四，它們鼓勵高儲蓄率和資本投資，而不是高消費支出。第五，許多東亞國家給予外銷導向的企業減免稅的優惠，並對投資課很少的稅（如果有課稅的話）。第六，它們歡迎全球技術和外資。

即使很多亞洲國家限制公民自由，進行產業計畫，限制進口，並以人為方式壓低其貨幣的匯率，但整體來看政府干預程度相當低，或如中國的例子，已大幅降低。

許多拉丁美洲和非洲的發展中國家正在進行自由市場改革，創造它們自己的奇蹟。工業國家只要服一大帖供給面經濟學良藥，降低企業稅和投資稅，私有化社會安全制度，改善教育和訓練，精簡對企業和就業的管制，消除聯邦赤字，也可以恢復它們的傳統成長率。路德維希‧馮‧米塞斯說得好：「優良政府的首要任務是拆除一切妨礙新資本累積和投資的障礙。」[8]

第24章

埃及人怎麼回事？

政府通常不願承認錯誤，也不願更改錯誤的政策，直到許多傷害造成。

——彼得·鮑爾及巴賽爾·葉梅（P. T. Bauer and B. S. Yamey）[1]

《埃及人怎麼回事？》（*Whatever Happened to the Egyptians?*）是一本在埃及暢銷的書，作者卡倫·阿敏（Galan Amin）在書中問了一個好問題。幾千年前，埃及是世界最偉大文明之一的誕生地，擁有超前進步的建築、天文學、數學和經濟學。法老王統治埃及數世紀之久。

但今天的埃及是一個墮落的國家。幾年前我們抵達亞歷山卓港，這裡曾是夢幻之都，我們卻看到遍地垃圾，塵土飛揚。前往開羅參觀古金字塔時，迎接我們的是污穢的運河、不能飲用的水、極度貧困、嘈雜的交通、擁擠的人潮、連綿不斷的攤販，和更多灰塵。

我偶然看到一本書，談西方人在開羅的生活情形。作者克萊兒·法蘭西（Claire Francy）開列了一大堆當地缺貨，勸外籍居民自己帶來的東西：答錄機、大型家電、電腦、數據機、印表機、電話、傳真機、化妝品、手電筒、絲襪、紅酒、英文書、衣服，還有鞋。沒錯，鞋。「在這個鞋店幾乎和腳一樣多的城市，簡直

不可能找不到一雙像樣的鞋。」[2]啊，進口替代法規的德政！[3]

埃及仍擁有豐富的資源：石油、棉花、尼羅河沿岸一些世界最肥沃的土地、一流的灌溉系統、蘇伊士運河，及龐大的勞動力（約七千萬人且快速增長）。但真正失業率高達20%，就業不足是普遍現象。埃及有嚴重的人才外流問題，二百五十萬埃及人在海外工作。該國女性不識字率是66%，男性不識字率為37%。它的食物一半靠進口。這個位於北非的阿拉伯國家，僅次於以色列，是全世界接受美援最多的國家。

伊斯蘭經濟學

什麼原因造成這樣的經濟崩垮？有些人將埃及的問題歸咎於伊斯蘭宗教。九成以上的埃及人是遜尼派穆斯林，批評者說，他們祈禱太多（一天五次），對窮人太慷慨（因此支持社會主義福利國家），生太多小孩（埃及出生率在全球名列前茅），扛太重的財務負擔（送房子給子女當嫁妝為當地習俗）。埃及人一年到頭節慶不斷，包括長達一個月白天禁食、晚上大吃大喝的齋月，商業活動變得斷斷續續。

但宗教不是埃及困境的真正肇因。真正的罪魁禍首是政府對經濟的社會主義干預作風。一位不具名的經濟學家表示：「埃及經濟承受一九五○年代經濟政策的遺緒，以重視平等和照顧窮人為目的。這些政策的特點是價格調控、消費品津貼、公部門主導和國家掌控。」[4]一九五四年納瑟（Gamal Abdel Nasser）取得政權，建立「民主社會主義國家」，將太陽底下一切事物國有化（包括本地啤酒公司），大幅加強政府對經濟的控制。此外，在拿破崙法典下，埃及陷入公文旅行和繁文縟節的管理惡夢。

其中一個最有害的政策是進口替代——用關稅、配額、津貼和限制來保護及促進各種消費品的本地生產，從鞋子到牙膏到汽車。自從龔納・米爾達（Gunnar Myrdal）和保羅・羅森斯坦—羅丹（Paul Rosenstein-Rodan）等發展經濟學家主張進口限制可以刺激國內產業和就業，這種形式的保護主義就在第三世界國家風行起來。例如，在埃及，美國政府花了大約2億美元幫埃及建立國內水泥產業，儘管從國外進口水泥便宜得多。

這種政策已證明效果適得其反。如今開羅被當地水泥廠製造的灰塵覆蓋了；埃及的進口替代法規造成鞋子、家電和其他消費品做工粗劣、價格過高。現在大多數經濟學家已改變他們對進口替代法規的看法，承認這種政策扼殺成長。他們指出，東亞國家因為避免進口替代，專注於生產廉價的外銷產品，反而快速成長。[5]

所幸納瑟的繼任者沙達特（Anwar el-Sadat）上台後，開始進行減少政府角色的計畫。一九八一年沙達特不幸遇刺身亡，穆巴拉克（Hosni Mubarak）繼任，加速民營化和吸引外資的市場政策，並取消價格和外匯管制。本土啤酒公司現在為私人所有。但即使到了今天，36%的勞動力仍受雇於政府，經濟仍遭到過度規範和管控。

一九九〇年費瑟學會將埃及列在該學會的經濟自由排行榜第八十八名，此後埃及已獲致一些進展。現在它已爬到第八十名。[6]顯然埃及領導人距離實現可蘭經應允的「財富與子女是今世裝飾品」，還有漫漫長路。

第25章
愛爾蘭經濟奇蹟
我們能成長得更快嗎？

預期未來出現更大的進步並非癡人妄想。

——約翰·梅納德·凱因斯[1]

一九三○年，大蕭條剛開始之際，凱因斯寫下一篇樂觀的論文，標題為〈我們子孫的經濟前景〉。斥責他的門徒預測蕭條永無止盡和經濟永久停滯之後，凱因斯預見一個光明的未來。他說，經由技術改進和資本累積，人類實際上可以在未來一百年內解決經濟問題。商品和服務會變得如此豐盛和廉價，以致於如何消磨時間會變成最大的挑戰。根據凱因斯的預言，資本會變得非常便宜，因此利率可能跌到零。

結果利率並未跌到零，但自大蕭條以來，我們的生活水準已顯著提高。事實上，我們很可能已實現了凱因斯的預言：「一百年後，先進國家的生活水準將高達今天的四到八倍。」[2]

頂尖經濟學家展望未來

當代經濟學家似乎不像凱因斯那麼樂觀，儘管今年的經濟形勢再度延續生氣勃勃、充分就業的趨勢。我請教幾位著名的經濟

學家，怎樣才能維持（長期，而非短期）一年6%、7%或甚至10%的經濟成長率，最終實現凱因斯的經濟極樂世界。

「不可能！」他們大多驚呼。「我認為美國的長期成長率不可能加倍，」哈佛經濟學家羅伯‧巴洛回答。明德學院的大衛‧柯蘭德同意。「十年內經濟成長翻一倍的想法聽起來頗像是前蘇聯體系的中央計畫目標。」他引述赫伯‧史坦的話：「在提升經濟績效方面，美國經濟政策亂無章法，但感謝上帝美國沒有多少經濟政策。」

另方面，近年有一本論文集，致力於繪製一條通往更高成長率的路徑。這本書叫做《漲潮》（*The Rising Tide*），天納克公司（Tenneco）執行長和全國製造商協會前主席唐納‧米德（Dana Mead）為它寫了推薦序，駁斥美國經濟今世不可能超越每年約3%的長期成長模式的想法。他認為更快速的經濟成長不但可以實現，而且不會造成短缺，不會增加勞動成本，也不會導致更高的利率。如傑克‧坎普（Jack Kemp）所言：「我們可以由明智而審慎的政策改變來提高成長上限。」[3]

當然，並非所有書中的經濟學家都同意米德和坎普的看法。已故的耶魯大學教授、諾貝爾獎得主詹姆斯‧托賓斷言：「雖然政客慷慨允諾更快的成長，政府手邊並沒有一套便利的工具來實現諾言。」[4]顯然他尚未找到秘方使他的導師凱因斯的普遍繁榮之夢成真。

主要經濟學者雖然懷疑成長率能大幅提高，卻提出幾個改善長期前景的辦法。已故麻省理工學院教授魯迪‧杜恩布旭建議民營化社會安全和教育。哈佛經濟學家羅伯‧巴洛力主單一稅率消費稅，儲蓄免稅，勞動和商業法規鬆綁，並縮小政府規模10%。諾貝爾獎得主羅伯‧孟岱爾（Robert Mundell）告誡勿用擴張貨

幣供給量來促進成長，但他贊成削減資本利得和所得稅率來鼓勵創業和投資。「更低的政府支出水準會使更多的社會盈餘可以用於資本形成和經濟成長。改變政府施政的優先順序，將重點從消費和重分配，轉移到社會基礎建設（social overhead capital）、改善教育，並投資於科學和醫學研究，會大大提高資本生產力，而對成長造成永久性的影響。」[5]

凱爾特之虎：愛爾蘭佬的運氣

愛爾蘭是一個絕佳例子，說明經濟成長可能改變。愛爾蘭長久被視為英國的繼子，飽受嚴格控制、發展不足、經濟不景氣、暴力頻仍、政治不穩定，甚至飢荒之苦。晚至一九八七年，失業率還有17%。

但突然間出現轉機。愛爾蘭加入歐洲共同體，包括採用新的歐洲貨幣。它成立自由貿易區，並與工會達成協議，提供靈活的、非常熟練的技術工人。愛爾蘭領導人積極向歐美跨國公司招手，提供它們受過良好教育但相對廉價的勞動力，並給予它們大幅減稅的優惠條件。今天愛爾蘭有歐洲最低的公司稅率，僅12.5%。它向其他國家招募擁有先進技術的移民，特別是愛爾蘭後裔。它有穩定、健全的政府和優秀的基礎建設。（當然，歐盟執行委員會一年高達12億歐元的津貼也不無小補。）

結果成就非凡。過去十年，愛爾蘭共和國比其他歐洲國家成長快三倍，是美國的兩倍。在一九九〇年代後半期，實質 GDP 年成長率為10%。就業成長甚至更壯觀，過去十年增加了50%。一度高達17%的失業率，現在幾乎不存在。工資也升高了，現在愛爾蘭工人的平均所得水準和其他歐洲國家不相上下。唯一缺

點是物價高漲，是歐洲通膨率的兩倍。愛爾蘭曾被視為一個逃之唯恐不及的地方。現在它是一個值得擁抱和避入的桃花源。

未來海闊天空

我自己的看法是，如果認定美國不可能長久維持超速成長，則未免小看了美國。想想我們的生活水準可以提升到什麼地步，如果我們：

- 大幅削減聯邦政府支出，減至只剩下它的合法功能，這無疑表示聯邦支出低於GDP的15%。
- 用簡化的15%單一稅率取代現行稅制。
- 民營化社會安全制度，或更好的是，讓美國人自己規畫自己的退休。
- 樹立穩健的貨幣標準，以阻止不正當炒作和週而復始的景氣盛衰循環。
- 建立公平的司法系統，釋出這個國家九成的律師，使之成為有貢獻的公民。
- 停止干預外國軍事。

想想看，如果實施上述自由放任政策，醫療、交通、住宅、電信和科學可能出現的突破。想想我們可以在短時間內提高生活水準兩、三倍的不可思議的前景。借用凱因斯的話：「因此自上帝造人以來，人類第一次面對……如何運用他免於急迫經濟煩惱的自由，如何消磨科學和複利為他賺到的閒暇，如何活得聰明、快樂和健康。」[6]

第26章
邊際稅革命
拉弗曲線風靡全球

> 亞瑟・拉弗（Arthur Laffer）及主張減稅、減少管制和自由
> 貿易的雷根經濟思想，如今在海外盛行的程度，簡直成了全
> 球經濟操作系統。
>
> ——史蒂芬・莫爾（Stephen Moore），《華爾街日報》[1]

供給面經濟學（supply-side economics）[2]主要與減稅運動有關，尤其是減少高邊際稅率（marginal tax rate）的努力。六〇、七〇年代，累進稅制（progressive taxation）[3]結合不斷升高的通貨膨脹，造成稅級攀升（bracket creep），將中產階級受薪者推到更高的稅率級別。「隨著稅率升高，儲蓄減少，消費增加，工作減少，失業增加。」布魯斯・巴特列（Bruce Bartlett）表示。[4]供給面學派倡議大幅降低所得、資本利得及其他類型財富的邊際稅率，以釋放創業、創新和冒險精神，並阻止投資者和商人虛耗於利用稅法漏洞合法逃稅的行為。

什麼原因造成累進稅制在美國及西方經濟體的衰退？從很多方面來看，那是供給面經濟學的勝利，特別是降低高邊際稅率的政策，這個政策的設計師是亞瑟・拉弗（Arthur Laffer）、裘德・旺尼斯基（Jude Wanniski）、保羅・克雷格・羅伯茲（Paul Craig

Roberts）、布魯斯・巴特列等經濟學家，及諾貝爾獎得主羅伯・孟岱爾。

以下是主張降低邊際稅率的供給面論點：

1. **供給面學派相信企業精神必勝和資本主義的效率。**他們說，減稅可以刺激經濟成長，因為可將更多資金從效率不彰且浪費的公部門，轉移到更有效益的私部門。他們認為，真正的經濟成長比起財富重分配計畫，對一般工作者更有利。甚至連約翰・高伯瑞（John Kenneth Galbraith）都一度承認：「近幾十年是產出的增加，而非所得重分配，造成物資大量增加，增進人民福祉。」[5]

2. **減稅可以增加稅收。**當稅率極高時（一度超過90%），降低邊際稅率比降低平均稅率容易。事實上，由於封阻了規避繁重邊際稅率的漏洞，總稅收會增加，抵銷了降低邊際稅率的損失。降低邊際稅率對政治人物是雙贏局面。歷史上，當邊際稅率降低，稅收反而增加。

3. **降低邊際稅率可以消除浪費且無效率的避稅管道的必要性，並減少黑市活動。**過高的稅率造成大批會計師和律師拚命尋找新的辦法與稅務人員鬥智，結果創造了龐大的新產業，大量資金進入房地產、基金會和海外信託，僅僅為了避免繳稅充公。降低邊際稅率可以減少這些避稅管道的必要性，因為很多人決定直接繳稅比較划算，還可以把錢配置到更能獲利的投資事業。

未完稅的地下經濟的蓬勃發展，是稅賦過高和政府過於膨脹、管得太多的指標。有些經濟學家估計，義大利的經濟活動有一半沒有報稅。地下經濟的成長應該是稅負過重

的警訊。遺憾的是，它太常被當作政府需要硬起來，加強取締那些不盡其應盡義務的人，應加重罰則並雇請更多國稅局專員抓逃漏稅者的訊號。然而，很多經濟學家卻認為，課徵合理的稅率會使逃稅變得較無吸引力，因此增加自動守法的意願。經濟學家丹‧鮑里（Dan Bawley）在研究地下經濟後表示：「如果國稅局盡一切力量收齊每一分應繳的稅，美國離警察國家庶幾乎不遠矣。」[6]

4. **稅賦扭曲誘因。** 經濟學家威廉‧鮑莫爾（William Baumol）與亞倫‧布蘭德（Alan Blinder）問：「如果我們嘗試做到完全平等，向所有工作者者課百分之百的所得稅，然後將稅收平均分配給每一個國民，結果會發生什麼？沒有人有任何誘因去工作、去投資、去冒險，或去做其他任何賺錢的事，因為所有這類活動的報酬都會消失。」[7]

供給面經濟學家羅伯茲認為，高累進稅是一個強烈抑制工作、投資和儲蓄的因素。「供給面經濟學提供一個新的財稅政策觀點。與其強調支出的效果，供給面學派反而證明稅率直接影響貨品與服務的供給。降低稅率意味增加工作、儲蓄、冒險和投資的誘因。當人民對更高的稅後盈餘或更大的獲利能力做出反應時，所得會提高，稅基會擴大，因此損失的稅收又部分回流國庫。儲蓄率也會增加，提供更多資金給政府和私人借貸。」[8]

引進拉弗曲線

供給面學派援引拉弗曲線來支持他們的主張，即降低邊際稅率可以刺激經濟成長，在適當情況下還可以增加稅收。拉弗曲線

（圖26.1）說明稅率與稅收之間的理論關係。它是前芝加哥大學
及南加大經濟學教授亞瑟・拉弗所創，一九七〇年代末，他在華
盛頓特區一間餐館的餐巾紙上繪出這個著名曲線，以證明減稅潛
在上可以增加稅收的觀點。

　　根據拉弗曲線，只要稅率不是太高，增加稅率會創造更多稅
收。但一旦稅率超過某一點（X），進一步增加稅率實際上會減
少稅收，因為更高稅率抑制工作意願，並鼓勵避稅，甚至非法逃
稅。圖26.1顯示，如果稅率達到一個過高的範圍（prohibitive
range），減稅（從t1減至tx）可以增加稅收（從r1增至rx）。供
給面學派舉出一九七八和一九九六年美國降低資本利得稅的例

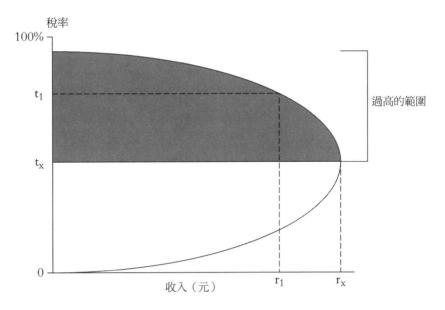

圖26.1　拉弗曲線：減稅可以增加稅收

資料來源：亞瑟・拉弗與其同事

子，指出減稅實際增加美國國庫從資本利得獲得的稅收。

凱因斯學派及其他拉弗曲線的批評者對於現行稅率落在拉弗曲線上哪一點提出質疑。例如，他們指出，一九八一年雷根總統減稅，結果財政赤字惡化，而非好轉。相反的，一九九四年當克林頓總統向國會提出聯邦所得稅率增加到39.6%的議案時，供給面學派警告加稅會減少稅收，但實際上在景氣擴張的榮景中稅收反而增加了。有很多變數在市場上運作，稅率不是唯一因素。

供給面經濟學與雷根和小布希執政時的共和黨政府關係密切，兩位總統都主張大幅削減個人和公司所得、資本利得和股息的邊際稅率。其他很多國家為了刺激經濟活動，已採取供給面減稅措施。在歐洲，自從愛爾蘭將公司稅率減至12.5%之後，已掀起一波減稅競賽。有些國家已經跟進，包括英國、德國和奧地利。最新加入競賽的是法國，在薩科奇總統領導下，法國政府計畫減少營業所得稅五個百分點。

單一稅率運動

丹‧鮑里在他討論地下經濟那本書的前言中，建議「自由社會大幅削減和簡化稅率」。這似乎是許多國家採取的方向。供給面學派主張，理想的稅制是單一低稅率，加上為數不多的個人免稅額。在美國，這個取消現行複雜、漏洞百出又浪費的稅制，以簡單的單一稅率取而代之的運動，與供給面革命密切相關。自從羅伯‧霍爾（Robert E. Hall）與艾文‧洛布旭卡（Alvin Rabushka）合著的《低稅、簡單稅、單一稅》（*Low Tax, Simple Tax, Flat Tax*）出版之後，制定一個簡單的低所得稅率的運動已贏得支持，尤其在前共產國家。

例如，一九九〇年代初，後蘇聯時代的愛沙尼亞面對一年1000%的通膨率，經濟在兩年內衰退了30%。馬特・拉爾（Mart Laar）總理上台後，這個小國推動經濟改革，一方面鬆綁管制，同時實施個人稅單一稅率，公司盈餘再投資部分免稅。到目前為止成果驚人，獲致一年8%的實質GDP成長率。

其他東歐國家群起效尤：俄羅斯於二〇〇一年施行13%單一所得稅；烏克蘭於二〇〇四年選擇同樣的單一稅率；斯洛伐克於二〇〇四年引進19%稅率；羅馬尼亞於二〇〇五年採16%稅率；阿爾巴尼亞計畫於二〇〇八年制定10%稅率。希臘和克羅埃西亞也打算制定同樣的單一稅率。單一稅率運動明顯在各地蔓延。天下有哪種稅制比人人付同樣稅率更公平且更容易計算？

香港已享受了幾十年的16%單一個人所得稅，以及資本利得免稅。新加坡為了跟香港競爭，最近也降低稅率。其他租稅天堂（tax havens）則實施零所得稅制，但用進口稅和公司稅來彌補。不過，至今沒有一個工業大國採行單一稅制，雖然有幾個國家已減少稅級數目。根據最新統計，目前有十四個國家實施單一所得稅，其中十國是前鐵幕國家。

在美國，《富比士》雜誌（Forbes）總編輯及《單一稅革命》（The Flat Tax Revolution）作者史提夫・富比士（Steve Forbes），於一九九六和二〇〇〇年參加總統提名黨內初選時提出17%單一稅的政見。他的計畫並未引起多少共鳴。顯然，單一稅在美國以外地區較受歡迎。

第27章
經濟不平等之辯
富者愈富，貧者愈……

現代市場經濟賦予財富和分配所得的方式非常不均等，製造
社會對立，並產生有害作用。

——約翰·高伯瑞[1]

扣除通貨膨脹後，典型美國工人的工資自二〇〇〇年至今只
增加不到1%。

——《經濟學人》雜誌（二〇〇六年六月十五日）

這 個說法處處可聞：實質平均工資停滯不前，美國的財富與
所得分配更加不均。《經濟學人》雜誌在封面故事〈富
人、窮人和兩者間越來越大的落差〉中斷言：「所有量度都顯
示，在過去四分之一個世紀，那些位於頂端者的境遇好過於中層
者，中層者又勝過底層者。」[2]

用吉尼比率（Gini ratio）來衡量，美國所得分配不均的程度
比其他國家嚴重得多。吉尼比率是一個介於0與1之間的分數：
分子是勞倫茲曲線（Lorenz curve）（見圖27.1）與均等分配線之
間的區塊；分母是均等分配線以下的區塊。因此，吉尼係數
（Gini coefficient）愈小，表示所得或財富分配不均等的程度愈

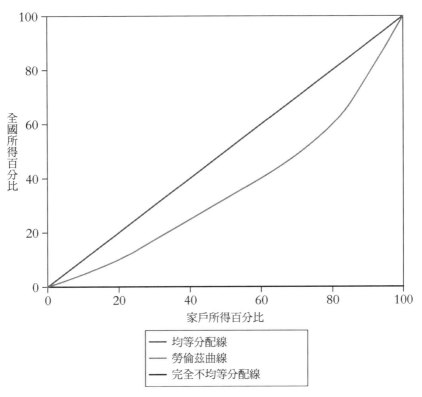

圖27.1　勞倫茲曲線

低；吉尼係數愈大，表示不均等的程度愈高。

　　勞倫茲曲線測量不同收入階層占一國全部所得的百分比。它通常將家戶所得分五等份。在美國，最高的五分之一（最高收入者）通常賺取全國所得的40%，最低的五分之一（最低收入者）約賺5%。用勞倫茲曲線來衡量，美國所得分配顯然嚴重不均，目前是主要工業國家中的極端例子。

　　市場資本主義的批評者常被傳統上用來衡量經濟健康狀況的

量度所誤導，特別是勞倫茲曲線和吉尼比率。然而，用勞倫茲曲線來衡量社會健康狀況，是一個不公平和產生誤解的指標。舉例來說，假如一個社會的勞倫茲曲線達到完全均等的理想線，也就是，最高的五分之一（收入最高的兩成人）僅賺取該國總所得的20%，最低的五分之一（收入最低的兩成人）所得增加到占全國總所得的20%。這個理想狀態代表什麼？它代表人人——教師、律師、水電工、演員——賺一樣多的錢！[3]

既然很少經濟學家認為人人賺相同工資是一個理想狀態，那為什麼他們認為勞倫茲曲線趨於完全均等是恰當的？何況，勞倫茲曲線不能說明一國生活水準的與時俱進。它僅僅衡量所得的分布，而實際上每個人的個人生活水準可能逐年提高。

為了衡量社會健康變化，經濟學家常依賴第二個量度——平均實質所得。這個量度也有缺點。單一統計數字可能掩蓋了個人生活水準的逐漸改善。例如，自一九七〇年代中期以來，平均實質所得幾乎看不出任何變化。但其他健康指標，如消費者支出，以及貨品與服務的數量、質量和種類，卻顯示出過去三十五年的顯著進步。這段時期平均每人消費支出實際上增加了驚人的50%。俄亥俄大學教授李察‧韋德（Richard Vedder）問：「有多少美國人在一九七五年擁有VCR錄影機、微波爐、CD播放機和家庭電腦？」

史丹利‧黎博國的研究

衛斯理大學榮退經濟學教授史丹利‧黎博國（Stanley Lebergott）在這個領域做的研究很可能超過任何人。他不依賴平均實質所得之類的總量度，反而採取一個更常識的做法——檢查

食品、服裝、房屋、燃料、家事、交通、健康、休閒和宗教等方面的個別消費市場。他的研究令人著迷。

例如，他發展了一些衡量標準，如表27.1所示，顯示從一九○○到一九七○年的生活水準變化。

在另一本著作《追求幸福》（*Pursuing Happiness*）中，黎博國一再證明美國消費者如何設法使一個不確定和往往殘酷的世界，變成更舒適和更便利的地方。醫藥和醫療設施、人工照明、冰箱、交通、通訊、娛樂、成衣，在在改善生活環境。

從女性的工作來看，黎博國指出，每週花在料理家務上的時間，從一九○○年的七十小時，減至一九八一年的三十小時。一九○○年家庭主婦每年必須給她的爐灶裝幾噸的木柴或煤炭，給她的油燈灌煤油。中央暖氣也減輕了主婦的工作。她再也不必洗刷被煤油、汽油、煤炭或木柴燻黑的衣服、窗簾和牆壁，或不停掃地和吸地毯。自動化和機械設備進一步減少她的勞動……。到了一九五○年，95%以上的美國家庭有中央暖氣、熱水、瓦斯、電燈、浴室和吸塵器等設備。[4]

就水而言，黎博國說：「一九○○年都市居民平均每天消耗約二十加侖的水。鄉下人家差不多都沒有自來水；55%甚至沒有廁所……。到了一九九○年，美國家庭只花兩天的收入，就能得到每天約一百加侖乾淨的水，從自來水管流入家中。」[5]

表27.1　一九〇〇～一九七〇年的生活水準

家庭擁有	一九〇〇年 占所有家庭比例	一九七〇年 占貧窮家庭比例
抽水馬桶	15	99
自來水	24	92
中央暖氣	1	58
一人（或更少）一間房	48	96
電	3	99
冰箱	18	99
汽車	1	41

資料來源：史丹利・黎博國，《美國經濟》（The American Economy，普林斯頓大學出版社，一九七六年），第八頁

樣樣東西都便宜而且越來越便宜

　　達拉斯聯邦儲備銀行的經濟學家麥可・考克斯（W. Michael Cox）和《達拉斯晨報》（*Dallas Morning News*）財經作家李察・歐姆（Richard Alm）合著了一本書，叫做《貧富迷思》（*The Myths of Rich and Poor*），鉅細靡遺調查美國基本貨品與服務的價格。他們發現房屋、食物、汽油、電力、電話服務、家用電器、衣服及其他日常必需品的實質價格顯著下跌。舉例來說，一九一九年買一隻三磅重的雞，需要做兩小時又三十七分鐘的工。現在只需要十四分鐘。一九一五年，從紐約打一通三分鐘的長途電話到舊金山收費20.7美元。現在還不到50分錢，以平均工資來計算，相當於做兩分鐘的工。一九〇八年，一輛福特T型車售價為850美元，相當於一般工廠工人兩年以上的工資。現在，一

般工人只要做大約八個月的工就可以買一輛福特金牛座車（Ford Taurus）。

許多產品在過去二十五年價格大跌（實質價格，不是名目價格），包括電腦、收音機、音響和彩色電視、電話、微波爐、汽油、軟性飲料，以及大部分機票。考克斯和歐姆確實指出兩個例外：醫療照護和高等教育。但即使在這兩個例子，他們仍認為醫療照護的品質比過去好，更高的教育費用導致更高的終身收入。考克斯和歐姆總結：「進入二十一世紀，美國人將我們有能力負擔世界上最令人羨慕的中產階級生活方式視為理所當然。這是在一個充滿活力的經濟體，實質價格一降再降的結果。」[6]

越來越多美國人得益於貨品與服務數量、質量和種類的增加，因為自由企業體系的本質是：競爭使價格降低，激發新的產品和改良的流程，促進品質提升。在勞動市場，提高生產力導致更高的工資，使工人可以買更好、更便宜的產品。

造福窮人和非技術工人

最近經濟史學者所做的更長期研究，證實黎博國的發現。馬克思和李嘉圖曾預言，在資本主義制度下，地主和資本家得利，工人受害。但他們錯到極點了。加州大學戴維斯分校經濟系主任葛萊哥利‧克拉克（Gregory Clark）概述許多經濟史學者關於工業革命以來所得分配的研究結果。他驚奇地發現，從GDP的占比來看，土地和資本的報酬相對於工資已下跌。他獲致令人吃驚的結論，「自工業革命以來，英國男性非技術工人的工資漲得比技術工人的工資多，而且同樣結果出現在所有先進經濟體。建築業技術工人的工資超過非技術工人工資的比例，在十三世紀約為

100%，現在跌到25%……。因此工業革命的結果是，每單位非技術勞動的報酬比土地的報酬、資本的報酬，或甚至每單位技術勞動的報酬漲得更多。」[7]

此外，克拉克表示，男性與女性的工資差距也縮小了。「在復工業化時代（reindustrialized era），女性工資平均低於男性工資的一半……現在英國非技術女性工人的時薪是男性非技術工人時薪的八成。」[8]

克拉克也調查所得以外的其他因素，包括平均壽命、健康、存活子女數和讀寫能力。他指出，富人平均而言仍比窮人長得高、活得久，但差距已縮小。他的結論是，「自工業革命以來，貧富差距很可能已縮小。」[9]

窮人急起直追

這種歷史觀點令人耳目一新。用貨品與服務的數量、質量和種類來衡量，生活水準在十九和二十世紀已有顯著和深度的改善，所有收入階層皆如此。在很多方面，窮人進步最多，現在他們有能力住像樣的房子，擁有汽車，享受許多過去只有富人才負擔得起的樂趣。廉價機票允許他們四處旅行。電視給予他們機會觀賞過去只限於富人和中產階級的體育賽和音樂會。相較於往昔，現在每棟房子都是一座城堡，每個人都是國王。誠如葛萊哥利・克拉克所言：「過去只能在一旁羨慕的人，現在已繼承一切。」[10]

第28章
一張圖說明一切
經濟自由指數的發展

> 談經濟自由很容易；測量它，明辨它的細微差別，為它的屬
> 性分派數字，再將這些數字綜合成一個總量，卻困難得多。
>
> ——米爾頓·傅利曼[1]

產和分配貨品與服務給最廣大人民，並確保經濟繁榮的最佳途徑是什麼？我們應該選擇中央計畫或自由放任，或者是介於兩者之間的某個折衷辦法？

在我們享有的種種自由中，經濟自由一直是爭議最多的一個。全球化、自由貿易、所得不均、壟斷力量、移民、哄抬物價、商業詐欺——所有這些自由放任資本主義的面向，都是激烈爭論的主題。

十八世紀蘇格蘭道德哲學教授亞當·斯密被認為是現代經濟學之父。他的代表作《國富論》（*The Wealth of Nations*）適逢其時出版於一七七六年（譯註：美國獨立那一年），堪稱一份經濟獨立宣言。他稱他的解除桎梏的資本主義計畫為「天賦自由體系」（system of natural liberty），這個體系由三部分組成：最大程度的自由、競爭和公正。他宣稱：

每一個人，只要不違反公正原則，都可以完全自由地以自己的方式，追求個人利益，並以他的實業和資本，與其他任何人或任何階層的實業和資本進行*競爭*[2]。

斯密甚至宣稱經濟自由是一項神聖權利：

禁止偉大的人民……盡可能利用其農產品的每一部分去賺錢，或以他們認為對自己最有利的方式來運用其家畜或實業，這明顯侵犯了人類最神聖的權利。[3]

亞當‧斯密用「看不見的手」（invisible hand）的意象，闡釋他的開明自利（enlightened self-interest）模型會造福整個社會。「他被一隻看不見的手引導……由於追求自身的利益，他常能增進社會的利益。」[4]最重要的是，經濟自由會造福人類；它會導致經濟成長和「普遍繁榮，惠及最底層人民。」[5]換言之，賦予人民經濟自由會提高每個人的生活水準，不分貧富，人人獲益。

經濟自由：成本或利益？

亞當‧斯密的自由放任古典自由主義——任由你做自己愛做之事，只要你不傷害他人——是一個相對新的概念。在大部分歷史上，君主和獨裁政權被視為理所當然。斯密的開創性作品出版後，公民與經濟自由的概念開始引起激烈爭辯。特別是，經過二十世紀的大蕭條和二次世界大戰後，自由放任資本主義在政府廟堂和大學校園變成一個不受歡迎的名詞。為了控制經濟和防止另一次蕭條，美國和外國政府開始將一個又一個產業國有化，提高稅賦，擴張貨幣供應，施行物價和外匯管控，成立福利國家，並

進行種種干預主義的倒行逆施。在學界，凱因斯學說和馬克思主義蔚為風潮，許多自由市場派經濟學家遭到排擠，很難取得大學專任教職。

　　大政府經濟模式被當權派視為一個自動穩定劑和成長激素。從一九五〇年代末開始，許多頂尖經濟學家主張中央計畫、福利國家和產業政策可以導致更高的成長率，跟亞當‧斯密唱反調。難以置信地，晚至一九八五年，保羅‧薩繆爾森（麻省理工學院）和威廉‧諾德豪斯（William D. Nordhaus，耶魯大學）仍宣稱：「自一九二八年以來，蘇聯計畫經濟體……已超越主要市場經濟體的長期成長。」[6] 瑞典經濟學家曼庫‧歐森（Mancur Olson）也表示：「一九五〇年代似乎有一個隱約趨勢，那些有較多福利的國家經濟體成長得較快。」[7]

　　亨利‧華立渠（Henry C. Wallich）是耶魯大學經濟學教授，曾擔任聯準會理事，他寫過一本書辯證自由導致較低的經濟成長、較大的所得不均和較少競爭。在這本叫做《自由的代價》（*The Cost of Freedom*）的書中，他大膽宣稱：「但自由市場主要不是一個達到成長的手段。它是一個取得最有效率資源利用的手段。」他進而表示：「自由經濟的終極價值不是生產，而是自由，而此自由的實現不是利潤，而是成本。」[8] 他居然還被視為一個保守派經濟學家呢！

新啟蒙運動

　　自從物價飛騰的一九七〇年代，當權派的態度開始逐漸改變。近年來亞當‧斯密思想的捍衛者聲勢抬頭，自一九九〇年代初柏林圍牆倒塌和蘇維埃中央計畫崩垮後，已戰勝了馬克思主義

和社會主義的惡勢力。今天世界各地的政府紛紛去國有化、改民營化、減稅、控制通膨，並進行各式各樣的市場改革。現在大部分經濟科系都找得到親市場的經濟學者，最新的諾貝爾經濟學獎得主幾乎個個是自由市場支持者。

此外，新的證據強烈顯示，經濟自由是利益，不是成本。曼庫‧歐森在檢查一九八〇年代的數據後表示：「公部門（政府管控）較大的國家似乎比公部門較小的國家成長得慢。」[9]推翻他自己關於一九五〇年代的說法。

經濟自由指數的創立

一九八〇年代，加拿大費瑟學會主席麥可‧沃克爾（Michael Walker）召集一群自由市場派經濟學家，試圖尋找亞當‧斯密假說的實證證據，即更多經濟自由導致更高經濟成長。這群專家在米爾頓‧傅利曼的鼓勵，和胡佛研究所（Hoover Institution）艾文‧洛布旭卡的領導下，終於建造「世界經濟自由指數」，根據租稅制度、公共支出、貨幣與信用、商業與勞動法規、外貿等五個領域的經濟自由，評比個別國家的歷時表現。[10]

佛羅里達州立大學經濟學教授詹姆斯‧格瓦特尼（James Gwartney）於一九九〇年代初加入這個計畫，現在是製作費瑟學會年度世界經濟自由指數的首席經濟學家。自一九九六年起，首都大學經濟學教授羅伯‧勞森（Robert Lawson）襄助格瓦特尼，共同撰寫年度報告。格瓦特尼和勞森表示，經濟自由的主要成分是「個人選擇、自願交易、自由競爭，及人身與財產的保護。」[11]

在格瓦特尼和勞森的指導下，指數變得更複雜。起初這個指

數是基於十七個可以量化的構成要素，諸如政府支出占GDP比例。但他們很快發現指數遺漏了重要的法律規章要素。為了矯正缺失，新的要素在一九九七年到二〇〇〇年間陸續納入指數。目前它包含三十八個要素，分成五大類：

1. 政府支出規模和租稅政策
2. 法律架構和財產權的保障
3. 取得健全貨幣的途徑
4. 從事國際貿易的自由
5. 信用、勞動和商業法規

基於上述準則，經濟自由指數用一個代表經濟自由度的單一數字，一年一度客觀評比全球一百多個國家。費瑟學會另外也評比北美各州各省。二〇〇七年，他們首度發表世界經濟自由地圖，用不同顏色評比各國。

傳統基金會和華爾街日報的調查

從一九九五年開始，每年一月傳統基金會（Heritage Foundation）也發表它自己的年度經濟自由指數。該指數與《華爾街日報》共同發表，附帶一份用不同顏色評比各國的世界地圖。這些年來調查報告的作者換過幾次，包括傑洛德·歐德里斯蔻二世（Gerald P. O'Driscoll, Jr.）、愛德溫·傅納（Edwin J. Feulner，傳統基金會主席）和瑪麗·歐葛蘭蒂（Mary Anastasia O'Grady）。

傳統基金會給經濟自由下的定義是：「除了維護公民自由本身的必要手段，政府不強迫或限制貨品與服務的生產、配銷或消

費。」[12] 調查報告的作者用十大範疇的五十個變數來製作一百五十七個國家的評分：

1. 貿易政策（現在改稱貿易自由）
2. 政府的財政負擔（財政自由）
3. 政府對經濟的干預（免於政府管束）
4. 貨幣政策（貨幣自由）。
5. 資本流動與外國投資（投資自由）
6. 銀行與金融（金融自由）
7. 工資與物價（勞動自由）
8. 財產權
9. 法規（企業自由）
10. 非正式市場活動（免於貪腐）

在傳統基金會的計算公式裡，十個要素分量相同，合計為一個0～100的經濟自由總分，100表示最高度經濟自由，0表示最低。

它將國家分成五類：

自由—平均總分80～100的國家。
大部分自由—得分70～79.9的國家。
中等自由—得分60～69.9的國家。
大部分不自由—得分50～59.0的國家。
壓迫—得分0～49.9的國家。

經濟自由與成長

費瑟學會與傳統基金會的調查獲致相似的結論,如圖28.1和28.2所示。

兩個智庫都發現,自由度愈高,生活水準(以平均每人實質GDP成長率來計算)愈高。自由度最高的國家(如美國、紐西蘭、香港)比中等自由度國家(如英國、加拿大、德國)成長得快,比很少經濟自由的國家(如委內瑞拉、伊朗、剛果)更是快得多。

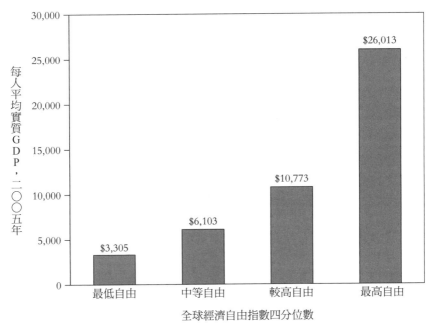

圖28.1 經濟自由和每人實質所得

資料來源:費瑟學會(二〇〇六年)

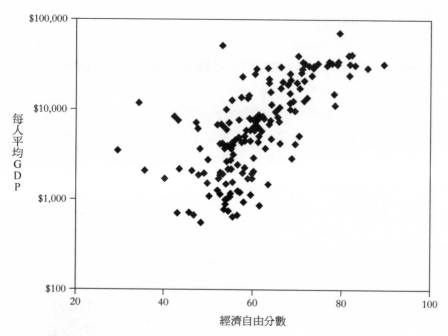

圖28.2 每人平均GDP和經濟自由度

資料來源：傳統基金會（二〇〇七年）

　　傅利曼初次見到這張圖時驚呼：「經濟自由指數與經濟成長率之間的實質相關性太一目了然了。任何語言描述都比不上這張圖的力量。」[13]

　　費瑟調查也發現，（1）低所得但有高度經濟自由的國家，傾向於比低所得而經濟自由度也低的國家成長得快；（2）保障財產權和執行合約的法律架構與法治，是一個國家實現經濟成長和達到高所得水準的必要條件。格瓦特尼和勞森總結：「本研究發現經濟自由與人均所得、經濟成長、平均壽命延長、兒童死亡率降低、民主制度的發展、公民和政治自由，及其他種種值得嚮

往的社會和經濟成果成正比。」[14]

　　但為什麼有些數據似乎證明，在一九五〇年代及之後，大政府與經濟成長之間存在正比關係？在蘇聯的例子，格瓦特尼等人普遍認為數據是錯的且引起誤解。在歐洲的例子，或許原因是戰後重建對經濟的刺激超過福利國家的成長。換言之，歐洲一定會成長，不管政府做什麼，也不因為政府做了什麼。到了一九五〇年代末，一旦重建工作完成，政府的分量就開始感受到了。

　　幾年前我問格瓦特尼教授，在製作經濟自由指數的過程中，最令他意外的是什麼。「結果是，」他回答，「法律系統──法治、財產權的保障、獨立的司法和公正的審判制度──是政府最重要的功能，也是經濟自由和公民社會最核心的要素。它在統計上的重要性遠超過其他變數。」格瓦特尼指出，有些國家法律系統不上軌道，結果遭受貪污腐敗、財產權無保障、合約執行不力、法規前後矛盾和反覆無常之害，尤其在拉丁美洲、非洲和中東。格瓦特尼和勞森在報告中表示：「除非有一個健全的法律系統，否則市場網絡的龐大利益──得自貿易、專業化、市場擴張和量產技術──不可能實現。」[15]

終結政治貪腐：變富的好處

　　現在經濟學家對於比較法律系統，以及如何應用經濟分析於高度貪腐、賄賂問題，和國際組織的角色，越來越感興趣。政治分析師傳統上認為貪腐是一個政治和文化議題，不干世界銀行及經濟機構的事。但近期研究顯示，經濟因素在貪腐程度上扮演重要角色，尤其在發展中國家。貪腐可以存在於很多層次：高階官員收賄；偏袒徇私和裙帶關係；用回扣和檯面下的佣金換取暴利

的公共工程；將外國金援和貸款乾坤大挪移搬到瑞士銀行帳戶；賤賣國有資產；用賄賂來逃避管制、關稅和租稅；授予親信特許經營權；兜售影響力。蘇珊‧露絲－艾克曼（Susan Rose-Ackerman）是耶魯大學經濟學家和研究貪腐的法律權威，她表示：「賄賂代表付給公務員的非法使用費、稅金或入場費。這些付款影響經濟決策的範疇，從公共投資項目的規模和性質，到遵守商業法規的程度。」[16]

斯德哥爾摩大學經濟學家賈克布‧史文森（Jakob Svensson）做過有關政治貪腐與法治的廣泛研究。他發現社會主義和最近改走社會主義路線的經濟體，其貪腐程度較其他經濟體為高，如圖28.3所示。

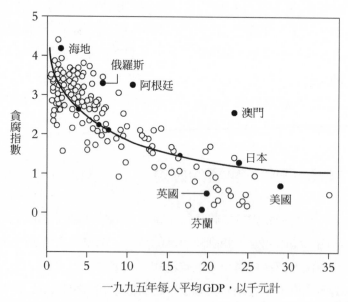

圖28.3　貪腐指數 v.s. 國民所得（每人平均GDP，一九九五年）

資料來源：《經濟學人》，二○○六年十二月二十三日，頁116

根據史文森及其他經濟學家的研究，當國家繁榮起來，貪腐往往減少。史文森檢驗各種因素，發現教育水準、進口開放程度、新聞自由，開辦企業所需的天數等變數，一概顯示與整體貪腐程度有明確的相關性。[17]

但政治分析師不確定法治和繁榮兩者孰先孰後。究竟是因為政府打擊貪腐，才出現繁榮，抑或收入增加後自然導致貪腐程度降低？當然，當人民獲得更高度的資產和財產所有權，他們就有更大誘因要求更好的司法和立法系統，以保護這些資產。許多亞洲國家成長快速，在此同時結黨營私和政治貪腐猖獗。《經濟學人》雜誌報導：「雖然大多數經濟學家認為貪腐會延緩發展，但貪腐的國家仍有能力快速成長。國家可能因貧窮而貪腐，但未必因貪腐而貧窮。」[18]

對經濟自由指數的批判

有些經濟學家對於費瑟學會和傳統基金會測量經濟自由，並將之連結到成長和其他統計數值很不以為然。他們的反對理由包括經濟自由很難準確測量，不同國家也很難互相比較。哪些項目應納入指數，每個項目應占多少分量？沙烏地阿拉伯比中國自由嗎？為什麼傳統基金會著名的福利國家如瑞典和丹麥會得到這麼高的經濟自由評分？以新加坡的產業政策水準和強迫儲蓄計畫，它憑什麼拿到這麼高的排名？高度的「非正式市場」（黑市）究竟是經濟自由或缺乏經濟自由的象徵？

凱因斯學派和馬克思信徒也質疑指數和調查的客觀性，因為經濟自由指數是自由市場派經濟學家製作的。儘管傅利曼和格瓦特尼聲明他們是客觀的經驗論者，但主觀意見是否影響他們的研

究方法，難免令人猜疑。當然，《華爾街日報》的背書和共同發表，增加了傳統基金會自由指數的可信度。此外，費瑟學會提供一個公開論壇，鼓勵人們就指數進行辯論。其網站列出關於經濟自由議題的同儕評審文章（http://www.freetheworld.com/papers.html）。

不管你同不同意費瑟學會或傳統基金會公布的經濟自由指數，這些指數名聲越來越響亮。傳統基金會主席愛德溫·傅納表示，政治領袖焦慮地等候每一年評比結果揭曉，證據亦顯示他們為了提高本國在經濟自由指數上的排名，不惜做出減稅和降低關稅之類的決策。

第29章
宗教自由的好處
經濟學家進入聖地

當宗教團體必須在公平基礎上競爭信眾時，不論自由或嚴格的宗教團體都會變得更有活力。

—— 蓋瑞·貝克爾[1]

宗教是經濟研究最近揚名立萬的另一個領域。勞倫斯·尹安納孔（Laurence R. Iannaccone，喬治梅森大學）是少數幾位專門研究宗教與經濟學的經濟學者之一。[2]這些學者甚至成立自己的組織，叫做「宗教、經濟學與文化研究協會」，每年舉辦年會討論最新的學術成果。

一九八〇年代末，尹安納孔檢驗亞當·斯密的假設，即宗教自由會導致教堂出席率提高。史密斯相信競爭對宗教團體有利，因為會激勵他們滿足信眾的需求。[3]為了檢驗這個假說，尹安納孔比較一九六八至一九七六年之間，各個新教和天主教國家的教堂出席率與宗教壟斷度。他的檢驗產生顯著結果：在新教國家，教堂出席率與教會集中度成反比。在教會自由競爭的國家，如美國，新教徒的教堂出席率高；在單一新教教派獨大的國家，如芬蘭，出席率低。簡言之，一個國家享有愈多宗教自由，人民愈虔誠（用教堂出席率來衡量）。[4]

尹安納孔的研究完成不久後，兩位社會學家應用市場原理於美國宗教史，獲得相同的結論：宗教在自由市場環境中蓬勃發展。羅傑‧芬克（Roger Finke，普度大學）和羅德尼‧史塔克（Rodney Stark，華盛頓大學）發現，美國幾乎是他們所謂的無人管理、自由市場、宗教經濟的完美實驗。美國革命開始時，宗教迫害已大致結束，容忍逐漸被宗教自由取代。一些最大的教派企圖變成州教，靠政府稅收來維持，甚至結合成宗教集團，目的在防止競爭，但這些努力全告失敗。大部分的州追隨維吉尼亞州的領導，反對任何州立教會。

芬克與史塔克用明顯的市場模型去研究美國宗教，獲致以下卓越成果：

第一，激烈競爭及新宗教的不斷演進發展，使美國的教會參與率在過去兩百年穩定上升。令人驚奇地，美國從一個大多數人不加入有組織宗教的國家，變成一個將近三分之二的成年人都參加某個教會的國家。[5]（見圖29.1）

不可能實現的統一信仰夢

第二，兩位社會經濟學家發現，在不斷競爭的環境中，沒有一種信仰能支配全國。公理會和聖公會在殖民時代擁有壓倒性優勢。但在美國歷史上經常出現的宗教復興時期，它們不敵來自衛理公會、天主教和浸信會的激烈競爭。就像沒有一家公司能永遠壟斷市場，主流宗教似乎也不可能長久霸占龍頭寶座。芬克與史塔克斷定，任何宗教，不論短期內多麼成功，都不可能讓全世界皈依。基督徒似乎不肯滿足於只有一個教會，就像消費者不會全部都買同一型汽車或同一款球鞋。所有市場——不論汽車、鞋或

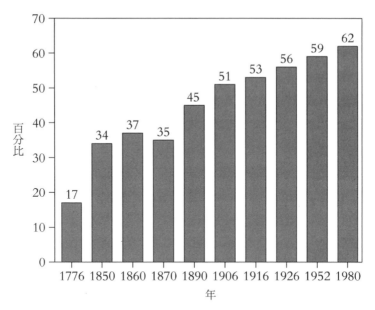

圖29.1　宗教信仰率：一七七六年到一九八○年

資料來源：芬克和史塔克，《美國的感恩禮拜》，頁16

宗教——都傾向於顯示數量、質量和種類隨著時間逐漸增加。芬克與史塔克證明，儘管不斷有人呼籲整合所有基督教團體，但統一的努力一再失敗。「所有教會都一樣」的傳統觀點並不正確。多元化是美國宗教命脈所繫。

　　第三，芬克與史塔克發現，凡是揚棄自己的原則和取消「堅強教義」的主流教會，必遭眾叛親離和最後失敗的下場，而維持高教義標準的教會，如天主教，反而興旺。換言之，市場獎勵宗教崇拜的品質。「我們一再辯證，宗教組織只能在一個條件下繁榮昌盛，那就是它們擁有的神學能撫慰心靈和鼓勵犧牲。」[6]

　　第四，兩位學者駁斥城裡人比鄉下人不信教的流行觀點。芬

克與史塔克舉出城市的教堂出席率高於鄉村的證據，拆穿傳教士散布的「都市生活是邪惡和世俗」的迷思。[7]

　　總之，我們可以看到經濟學原則的通用性。誘因、競爭、品質和選擇不但適用於物質世界，也適用於精神領域。也許應用競爭、選擇和自由市場的原理於商業和宗教，中東可以建立和平與繁榮。

第30章

願世界和平，善意在人間

支持宗教競爭的理由

眾多教派百家爭鳴……假以時日可能（變成）免於一切形式的荒謬、虛偽或狂熱。

——亞當·斯密[1]

封閉的經濟體是偏執、狂熱和暴力的溫床。

——傑洛德·歐德里斯蔻二世

《華爾街日報》

人類歷史充滿了新教徒與天主教徒與回教徒與猶太教徒之間的宗教戰爭。今日中東的衝突起源於宗教。國與國之間，不同宗教信仰之間，有無可能實現世界和平、人間善意？

經濟教育基金會創辦人李奧納多·瑞德（Leonard Read）認為，真正的自由意味實踐金科玉律（Golden Rule，譯註：即聖經上說的「你希望別人怎樣待你，你就怎樣待人。」）及維護美國獨立宣言所說的天賦人權。「人人完全自由地按自己的能力和抱負去發揮創造力；在這方面不受限制——任何限制。」[2]

經濟學家對軍事和宗教衝突有什麼看法？傳統基金會與《華爾街日報》公布的最新一期《經濟自由指數》報告顯示，以貪

腐、賦稅、保護主義、通膨、黑市和政府干預的程度來判斷，世界上很多地方是「大部分不自由」或「壓迫」。這份報告總共調查一百五十七個國家，其中過半（八十一國）得到負分。最能說明問題的是，世界上「壓迫」自由最集中的地區是中東，特別是沙烏地阿拉伯、伊朗、伊拉克、利比亞和阿富汗。[3]以最近事件觀之，中東地區證實瑞德的理論。大部分阿拉伯世界仍飽受經濟混亂、政治動盪和軍事衝突之苦。「惡人掌權，人民哀傷」（箴言29：2）。財經記者亨利‧海茲里特（Henry Hazlitt）說得好：「社會主義政府，儘管譴責帝國資本主義，卻是現代戰爭的最大禍根。」[4]

商業與貿易拆除藩籬

中東也以專制獨裁和宗教上不容異己而聞名。經濟壓迫似乎與政治和宗教壓迫形影不離，恰似經濟自由導致政治和宗教自由。[5]孟德斯鳩（Montesquieu）、亞當‧斯密及其他古典自由主義思想家主張，自由化貿易和資本主義精神可以打破文化、宗教和社會的一神論，同時摧毀狂熱信仰和不容異己。孟德斯鳩看到「商業教化」（doux commerce）的諸多優點，他表示追求利潤的動機可以發揮抗衡力量，約束狂暴的戰爭激情，並防止政治權力的濫用。「商業可以治癒有害的偏見，」孟德斯鳩宣稱。「它潤滑和軟化野蠻的習俗……。商業的自然效力是導致和平。」[6]亞當‧斯密附和孟德斯鳩，指出商業社會節制激情，防止社會墮入霍布斯的叢林法則（Hobbesian jungle）。

商業鼓勵人們變得有教養、勤奮和自律。如經濟學家亞伯特‧赫胥曼（Albert Hirschman）所言：「商業精神帶來樸素、節

儉、節制、勞動、明智、平靜、秩序和規律的精神。」[7]商人絕對務實——他們是天生的妥協派，並容忍其他觀點。事實上，商業的目的是經由開發和生產他人渴望的東西來滿足他人的需求——只要價錢合適，當然。凱因斯曾經說過：「人對自己的銀行帳戶結餘專橫，好過於對他的同胞專橫。」[8]

經濟學家傑洛德‧歐德里斯蔻二世與莎拉‧費茲傑羅（Sara J. Fitzgerald）推斷，「事實上盟邦和貿易夥伴較可能解決爭端，較不可能訴諸武裝衝突。」他們引述所羅門‧普拉契（Solomon W. Polachek）的開創性研究，該研究分析三十組國家在一九五八至一九六七年間的關係，發現加強貿易可以抑制衝突。「貿易協定抑制衝突，因為這種敵對行為威脅到國家希望獲得的，並透過貿易協定實現的經濟利益本身。商品的自由交易替所有相關者增進財富和繁榮。」[9]

支持宗教競爭的理由

宗教自由的好處又是什麼？中東亦以缺乏宗教自由和多元化而惡名昭彰。有一些新教基督徒住在中東並崇拜上帝，但改變信仰是禁止的，即使在以色列。埃及全國只有兩個回教教派；該國幾乎沒有一個猶太人，也沒有基督教會。回教基本教義派痛恨不同教會在一個宗教自由的社會競爭信眾的西方觀念（最早表達這個觀念的是約翰‧洛克〔John Locke〕）。根據安德魯‧蘇利文（Andrew Sullivan）的說法，美國已實現「地球上最生氣勃勃的宗教文明社會之一」，美國也「是一個活生生、具體的例子，駁斥他們（塔利班及賓拉登）所相信的一切。」[10]

亞當‧斯密認為國教滋生狂熱、偏執和迫害。許多聖戰是國

家支持的基督教、回教和其他宗教挑起的例子，證明斯密的理論。但斯密看得更遠。他認為創造一個自由、競爭的宗教環境是有益的。他說，天賦自由支持「為數眾多的教派，」這會激起對宗教的興趣，鼓勵更高的教堂出席率。「在小教派，一般人的品德幾乎明顯地正常和規律，通常遠超過大教會的信眾。」[11]依亞當‧斯密之見，宗教競爭會減少激情和狂熱，促進寬容、節制和理性宗教。

簡言之，在各行各業注射一劑開放市場和競爭的良藥，可以大大促進這個世界火藥庫的和平、繁榮和善意。直到此事發生，他們會呼喊「『和平了，和平了，』其實沒有和平」（耶利米書8：11）。

第五篇

預測未來

　　在《下屆總統誰當選？經濟學家說了算！》最後一篇，我檢視經濟學這一行如何改善它預測股市、通貨膨脹和經濟前景的能力。以往經濟學家常淪為笑柄，但做出幾個備受矚目的精確預測後，媒體不再嘲笑了。

第31章
新耶魯預測模型
歐文・費雪魔咒解除了嗎？

*世界上大部分地方的人仍極度看好股市和很多地方的房市，
這種過度自信可能造成不穩定。*

——羅伯・席勒（二○○五年）[1]

耶魯大學教授歐文・費雪（Irving Fisher）是貨幣經濟學之
父，許多經濟學家（例如詹姆斯・托賓和米爾頓・傅利
曼）認為他是美國有史以來最偉大的經濟學家。費雪於一八六七
年出生在紐約，是牧師之子，他以數學見長，以第一名成績畢業
於耶魯大學。在社會達爾文主義者威廉・桑默（William Graham
Summer）影響下，對經濟學產生興趣，奉獻餘生鑽研貨幣、價
格和經濟。從耶魯取得博士學位後，他結婚生子，安頓下來，過
著教授和作家的生涯。他寫作過數十本書，涉獵範圍廣泛，從貨
幣經濟學到健康養生（他曾患肺結核但痊癒）到股市投資。一九
一八年他當選美國經濟學會主席，後又協助發起成立計量經濟學
會。

費雪有發明天分，他發明了一種索引卡系統（今天的Rolodex
旋轉名片盒），後來賣掉，換成雷明頓・蘭德（Remington Rand）
公司股票。他的雷明頓「A股」在華爾街牛市飆到最高點時值

1,000萬美元。除了在耶魯教經濟學，費雪也成為理財顧問，搏得「華爾街神算師」之名，經常被財經媒體引述。

費雪是無可救藥的新紀元樂觀主義者，相信「喧囂的二十年代」（the Roaring Twenties）會迎向一個嶄新和更美好的世界。他是華爾街牛市的超級推銷員。費雪堅信，有聯準會掌控貨幣系統，景氣循環已被徹底消滅，加上一九二〇年代物價平穩，他一點也不擔心華爾街的「投機狂歡」，儘管股票在短短七年內平均漲了三倍，一路飆到一九二九年。

當波士頓理財顧問羅傑·巴布森（Roger Babson）在一九二九年六月初警告投資者股市即將崩盤，費雪駁斥這個不祥預言，說了一句遺臭萬年的名言：「股價已站穩在一個看來永遠居高不下的高原。」[2]他的貨幣理論完全辜負了他，他的名譽和財務狀況在一九三〇年代雙雙墜毀。他始終沒有翻身，一九四七年過世時一文不名。

耶魯大學從未徹底擺脫費雪預測留給世人的深刻印象，經濟學家的預測也一直被人用懷疑的眼光看待。保羅·薩繆爾森有回開玩笑說：「經濟學家料到了過去三次經濟衰退的七次。」

有趣的是，一九八八年三位來自哈佛和耶魯的計量經濟學家重翻舊案，檢討歐文·費雪用來預測經濟的貨幣模型和數據，利用現代時間序列分析，運行最精密複雜的迴歸分析和計量經濟技術，看看他們能否預測崩盤和蕭條。他們獲致引人注目的結論，認為費雪「在崩盤前夕和接下來幾個月對經濟抱持樂觀看法是合理的。」為什麼？不是因為費雪的模型有瑕疵，而是因為一九二九年股市崩盤和大蕭條「無法預測！」[3]

在當前憂懼總體經濟日漸不穩定，因為股市和房市泡沫可能把金融世界攪得天下大亂的氣氛下，讀這三位頂尖計量經濟學家

的論文實在不怎麼令人安心。

耶魯的新總體模型

但二〇〇六年秋天，當我動身前往耶魯大學時，我對經濟預測的前景感到樂觀——也許情況並不像我想的那麼糟。在那裡我見到經濟學教授羅伯‧席勒，他寫過一本暢銷書叫做《非理性繁榮》（*Irrational Exuberance*），出版於科技股牛氣沖天的二〇〇〇年。事實上，這本書於二〇〇〇年三月問世，正是那斯達克指數攀到最高點時。席勒在這本有先見之明的書中預言：「目前股市展現投機泡沫的典型特質，」並警告股市的未來展望「很可能相當差——或許甚至危險。」[4]他絕對正確，不但料中了市場走勢，時間也說對了。

回顧當年，我第一個想法是他的預測模型這麼準，多半是巧合，而不是科學，但二〇〇五年末他又出了《非理性繁榮》第二版。新版增添一章談美國房地產，他在其中清楚指出，自一九九七年起，房價出現史無前例和無法支撐的「火箭起飛」效應。他宣稱：「我們越來越感到憂心和脆弱，」提醒投資者類似的「市場泡沫」可能是「危險的」投資。一年內，最熱的房地產市場（尤其是佛羅里達、加州和內華達）觸頂回落，價格下跌，存貨增加，最後以二〇〇七年的次級房貸崩垮終結。

當我訪問席勒教授時，我問的第一個問題是：「以你預測股市和房市最高點的驚人成功，和大衛‧史文森管理耶魯捐贈基金的耀眼成果，耶魯大學是否終於擺脫了歐文‧費雪魔咒？」他滿懷希望。「我想大概是吧，」他面露微笑回答。

從某個角度來看，席勒很像費雪。除了擔任全職教授，席勒

也是一個商人兼經濟學家和創業家。他最近成立一家公司叫做宏觀市場研究有限公司（MacroMarkets LLC），旨在創造新的金融市場，包括指數股票型基金（ETFs），以擴增風險管理。他協助建立芝加哥商品交易所的美國住宅期貨與選擇權市場（在房市最高點！）。有關該公司的更多資訊可上網查詢：www.macromarkets.com。

　　言歸正傳，席勒的預測模型跟過去預測股票、債券和房地產趨勢變化屢屢失誤的計量經濟模型有何不同？他的書《非理性繁榮》研究金融市場的人類行為及投機心理。「行為經濟學和金融經濟學目前氣勢如虹，是經濟學領域最令人興奮的發展。可惜它通常只受到商學院青睞，」他告訴我。

　　他聯合其他行為經濟學家，如芝加哥大學的李察．泰勒和衛斯理學院的卡爾．凱思（Karl Case），在國家經濟研究局（National Bureau of Economic Research）舉辦行為金融研討會，檢討股票、債券、不動產和商品的市場泡沫，並從歷史趨勢探討市場如何受到媒體、政府政策和「動物精神」（animal spirits）影響而被高估或低估；動物精神一詞出自凱因斯，指群居本能。「最後我們學會如何鑑往知來，由觀察過去事件預測未來發展。」席勒表示。[5]當市場偏離正常的長期趨勢時，不論偏高或偏低，它未必表示目前價格走勢無法支撐和回歸長期方向，但這時候就要小心了。「我研究行為經濟學的方法是深入了解，不是只看數據。你必須觀察盡可能最全面的局勢，才能理解究竟發生了什麼。你必須運用你的直覺本能，並辨認模式。」他解釋。

　　依席勒之見，敏銳的觀察者會在金融市場表現優異。「這是一個競爭的行業，大多數理財經理不能打敗市場。但穩健、明智的研究一定有收穫。成功的投資需要靈感，需要格外付出時間精

力，並且心無旁騖、專心一意。投資者犯錯的原因之一是他們不夠專注。人可能具有非凡才華，但往往不知道用在何處。結果他們盲從群眾，不獨立思考。問題不在於聰不聰明，而在於能不能維持注意力。」

第32章

預測選舉

經濟學家更準！

虛假的價格不能維持，因為追求利潤的企業家競爭不容許它維持……

——路德維希・馮・米塞斯[1]

　　一九八八年春天，三位愛荷華大學經濟學教授佛瑞斯特・尼爾遜（Forrest Nelson）、羅伯・佛賽斯（Robert Forsythe）和喬治・紐曼（George Newman）一起吃午餐，聊到密西根州民主黨初選的話題。選前民調顯示杜卡基斯領先，但結果傑克森成了前一晚的意外贏家。「民調專家怎麼可能錯到這個地步？」其中一位經濟學家問。「如果芝加哥商品交易所的交易員預測十一月玉米價格這麼不準的話，早就被炒魷魚了！」另一位說。最後這句話促使他們思考。如果有一個選舉期貨市場，交易員預測選舉會不會比民調專家準？

　　這是愛荷華電子市場（Iowa Electronic Markets，簡稱IEM）計畫的緣起。愛荷華大學商學院經濟系全體教員，專攻統計學和經濟分析，而非政治學，卻從一九八八年開始，提供自己版本的選舉預測。愛荷華電子市場出售總統和國會選舉結果的期貨合約，偶爾也販賣重要的參議員選舉期貨合約。交易員以現金下注

（每人最多投注500美元）賭誰會贏得總統大選，共和黨或民主黨哪一個將掌控國會山莊。

誰比較會預測：蓋洛普或愛荷華電子市場？

結果如何？到目前為止，證據清楚顯示，整體而言，愛荷華電子市場交易員預測選舉結果比專業民調公司準多了，而且便宜得多。概括一九八八至二〇〇〇年間四十九次愛荷華電子市場預測選舉市場的證據，愛荷華大學的金融經濟學家總結：（1）他們的交易員在選前一夜預測錯誤的機會平均低於2%，（2）在競選期間，民調波動較大，（3）在競選期間，他們的交易員預測選舉得票率十次有七次打敗民調。「（愛荷華電子）市場似乎比民調早幾個月就預測到更接近事實的選舉結果，」他們表示。[2]儘管事實上，愛荷華電子市場交易員與具有代表性的選民樣本相差甚遠。

最近三位愛荷華大學教授更新統計，發現該市場預測選舉的能力相較於專業民調已經改進。他們總結：「我們比較一九八八年以來五次總統大選的市場預測與九百六十四份民調。市場預測比民調接近最後投票結果的次數占74%。此外，從選前一百天以上的預測來看，市場在每一次選舉都顯著勝過民調。」[3]

誰贏了二〇〇〇年大選：布希或高爾？

愛荷華電子市場總共經營了五次美國總統選舉市場。政治期貨市場以高度準確性預測一九八八年老布希獲勝，一九九二和一九九六年柯林頓當選，也猜中二〇〇四年小布希連任。二〇〇〇年呢？那次選舉愛荷華期貨市場預測兩位候選人得票率極為接

近。根據期貨市場，小布希和高爾從五月到九月勢均力敵，然後高爾開始稍稍領先。經過幾場辯論，高爾的優勢消失，小布希勉強超前。但選前兩天，高爾又恢復領先地位。然後，到了選舉前夕，小布希又以些微之差領先高爾。反之，民調顯示小布希從四月到八月中旬大幅領先，接著高爾聲勢崛起直到九月中旬（傳統的黨代表大會反彈效應），然後小布希又再度竄高直到選舉前夕。「因此，愛荷華電子市場自始至終顯示這是一場絕對難分勝負的選舉，而且比民調所預測的更難分勝負。」[4]

不過，該市場交易員仍預測小布希在開票夜小幅贏得選民票（popular vote），事實上高爾贏了0.2%，但仍以一票之差輸在選舉人票（electoral college vote）。於是出現一個有趣的現象，在選舉前夕花了大約510元賭小布希會贏的交易員輸得精光，付出約480元賭高爾會贏的人反而賺了1,000元。這個贏家通吃的總統選舉賭盤是根據最高得票數，而非選舉人投票結果。二〇〇〇年的總統選舉，對於共和黨及民主黨的交易員來說，都是一次苦樂參半的經驗。

如同芝加哥和紐約的期貨市場，愛荷華電子市場投機客仍可能選錯邊，而且整個市場的共識，和民調一樣，仍可能出錯。另一次預測失靈發生在二〇〇六年國會選舉，其交易員預測民主黨會贏得眾議院（正確），共和黨會保留參議院（不正確）。我們充其量只能說，政治期貨市場確實傾向於將錯誤減至最低——它們大部分時候是正確的。但民調亦復如此。

為什麼投機客打敗民調專家

更有趣的問題是：為什麼期貨交易員是比民調專家優秀的選

舉預言家？是因為他們運氣好，或他們真的擁有某些經濟優勢？
經濟學家提出兩個基本推論。首先，交易員似乎有更強的利潤動
機去預測選舉結果。因為他們拿自己的錢來冒險，他們通常對自
己的預測更有把握，也願意花時間精力更深入調查候選人的潛在
優弱點。誠然，蓋洛普（Gallup）及其他專業民調機構也有金錢
利益去做準確的選舉預測，但他們處於一個明顯不利的地位。主
流媒體民調問潛在選民：「如果今天投票，你會選誰？」如要得
到更確切的答案，他們應該問：「你賭誰會贏十一月選舉？」由
於問錯問題，民眾事不關己，不把問題當真。他們的回答可能三
心兩意，有時甚至可能說謊。因此公布的民調在不同時間和兩次
民調之間會出現顯著差異。有時民調徹底錯誤，最著名的例子是
一九四八年杜魯門和杜威競選總統那一次。

其次，市場以更動態、更有效率的方式，匯集交易員的不同
資訊。奧地利經濟學家海耶克早在多年前，當他指出市場具有雙
重角色時，就暗示這一點了。市場將資源分配到最有功效的用
途，並透過發現過程，迅速提供關於這些資源價值的資訊。[5]

傳統預測選舉的方法，諸如民調，都有一些困難估計哪些動
力在選舉期間發揮作用，但愛荷華電子市場交易員綜合民調、市
場調查、經濟數據、候選人的魅力等資訊，改進他們的預測能
力。個別選民少有誘因變成預測選舉結果的專家，他們往往根據
自己的良心或既得利益來投票，投機客卻必須考慮盡可能多的相
關資訊，才可能在市場上成功。

誰有希望在下一次成為眾院和參院的最大黨，或入主白宮？
逛逛www.biz.uiowa.edu/iem網站吧。不管你賭不賭，你都可以觀
察結果。

第33章
驅動經濟和股票的力量究竟是什麼

消費者支出或企業投資？

　　雖然明白這個道理的人寥寥可數，實際上經濟的核心是企業，不是消費者。當企業從事有利可圖的生產，它們創造付薪水的工作，然後消費者才有錢可花。獲利的廠商也購買新設備，因為它們必須現代化並更新所有工具、廠房和軟體。

—— 賴瑞・庫德洛（Larry Kudlow）

CNBC-TV《庫德洛與公司》（Kudlow and Company）

節目主持人

我們不斷從新聞中聽到：

「消費者做什麼是最重要的事。」

「如果消費者停止花錢，問題就大條了。」

「如果消費者不花掉減稅的錢，減稅無助於經濟復甦。」

「本月消費者預期指數下滑……對經濟和股市是壞消息。」

　　在二○○一到二○○三年全球經濟衰退期間，大多數記者關注的焦點在消費者支出。二○○一年，法國政府擔心老百姓消費不足，遂增加政府支出6%。歐洲零售營收減緩「會壞了經濟復

甦大計」,《經濟學人》雜誌警告。在日本,經濟分析師聲稱日本消費者存太多錢,而唯一能幫這個亞洲經濟巨人重新站起來的辦法是讓日本消費者停止儲蓄,開始花錢。

「消費者怎麼做是經濟前景的頭號議題。」高盛公司資深經濟師愛德華‧麥基威(Edward McKelvey)表示。二〇〇一年在美國,權威人士經常在CNN和CNBC節目中警告:「如果布希總統退稅款被存了起來,沒有花掉,退稅對經濟復甦毫無幫助。」

但事實上,消費者支出是旺盛、健康經濟的後果,不是前因。重振企業對資本財的支出、減稅、降低利率和提高生產力,比衝高消費者支出來得重要。要景氣好轉,最重要的是生產和投資,其次才是零售支出。

賽伊法則的重要性

在市場上,事實勝於雄辯:驅動經濟的是供給,不是需求。生產力和儲蓄是經濟成長的關鍵。這個原則是才華橫溢的法國經濟學家尚－拜普蒂斯‧賽伊(Jean-Baptiste Say)在十九世紀初所發現,並加以闡述,後世稱之為賽伊法則(Say's Law)。

賽伊在他寫的教科書中,以農業為例證明賽伊法則。假設一個農村豐收,「收成愈好,農人買的東西愈多。」另方面,如果收成不好或遇到荒年,會發生什麼事?「相反的,農作物歉收會使所有商品滯銷。」

西雅圖提供一個現代的例子。當比爾‧蓋茲(Bill Gates)成立微軟公司(Microsoft),許多員工都發財,甚至變成百萬富翁,西雅圖的經濟也欣欣向榮。消費者支出迅速攀升。但一九九〇年代末,當聯邦政府控告微軟,微軟股票應聲下跌時,情況如

何？西雅圖的榮景消失了一陣子，消費者支出減緩。顯然在景氣循環中，企業支出驅動經濟；消費者支出尾隨其後。

領先經濟指標告訴我們什麼

讓我們從領先經濟指標的角度，檢驗消費者支出和企業投資究竟多重要。此處我們看到兩個部門都影響經濟表現，但企業部門似乎扮演更大的角色。如果我們檢查工商協進會（Conference Board，www.conferenceboard.org）每月公布的九大國領先經濟指標指數（Index of Leading Economic Indicators），會得到下述結果：

- 工商協進會彙編的德國領先指標共九個，其中兩個連結消費者支出：消費者信心指數和服務業消費者物價指數。其餘與初期生產階段有關，諸如存貨變化、新的資本設備採購和新的施工訂單。
- 法國的十個領先指標中，兩個與消費者有關，其餘連結商業量度，諸如股價、生產力、建築許可、利差和新的產業訂單。
- 英國的領先指標連結出口額、工程業新訂單、存貨、新屋開工率及貨幣供給。消費者信心指數是唯一與消費者有關的指標。
- 日本的領先指標包括製造業超時工作時數、產業景氣調查、勞動生產力、實質營業利潤，還有機械和營造業新訂單，無一與消費者有關。
- 墨西哥的六個指標包括每月存貨調查、產業建設、股價、

利率和原油價格。零售額在墨西哥是一個與景氣變動同步的指標（coincident indicator）。

- 在美國的領先指標中，工商協進會強調消費者信心指數，但其他九個指標僅間接與最終用途有關，例如製造業的新消費品與物料訂單、建築許可、製造業平均每周工時、股價，以及新的非國防類資本財訂單。

消費者信心指數呢？

但媒體每個月特別報導消費者信心指數又是怎麼回事？它難道不是一個領先指標嗎？它確實是，但令人意外地，消費者信心指數似乎與產業景氣關係較大，與消費者的態度關係不大。以下是消費者信心調查為了判斷消費者的「預期」所問的問題：

1. 目前景氣是好、壞或普通？
2. 你預期未來六個月景氣是好、壞或普通？
3. 目前工作機會是很多、不怎麼多，或很難找到工作？
4. 你預期未來六個月工作機會會更多、不怎麼多，或很難找到工作？
5. 你計畫在未來六個月內購買新的或二手的汽車、房子、大型家電嗎？（註：這些都是耐久消費品，和耐久資本財差不多。）
6. 你計畫未來六個月內在美國或國外度假嗎？

換言之，被大肆吹捧的「消費者」信心指數，其實主要是預測企業、就業和耐久商品的前景，而不是預測零售額和消費者支出。除了耐久商品，它不問任何關於目前消費模式的問題。它不問任何關於食、衣、娛樂和其他短期採購的問題，因為這些支出

每月變化甚少。

為什麼工商協進會不將公司利潤納入領先指標？

此外也應該指出，公司利潤一向是預測經濟衰退最好的指標之一。事實上，公司利潤通常是繁榮或衰退即將來臨的第一個指標。它們往往在經濟衰退正式開始前一年達到高峰。但怪的是，工商協進會製作的美國領先經濟指標指數包括十個指標，卻不含公司利潤。為什麼？因為公司利潤是每季公布，美國領先經濟指標指數則是每月發表。因此，工商協進會不把公司利潤當作指標，儘管它比大部分其他景氣循環統計數值精準！這只是工商協進會的領先經濟指標指數面臨許多方法論問題的一個例子。

事實上，企業和投資支出是經濟和股市的真正領先指標。如果你想知道股市未來走勢，別理會消費者支出和零售數字。留意製造業、資本支出和生產力是否增加。

小心凱因斯法則

我們之所以聽到這麼多關於消費者的報導，是因為我們仍受到凱因斯經濟學派的影響，它教導我們「凱因斯法則」，主張需求創造供給……。凱因斯法則和賽伊法則剛好相反，後者主張供給創造需求。根據凱因斯觀點，消費者支出驅動經濟，當經濟進入短期緊縮，儲蓄是壞事。

造成這個「消費者支出」迷思的一個原因，是我們估算國內生產毛額（GDP）的方法。經濟學家指出，個人消費支出占GDP最大一塊，約70%。這個統計引導媒體發表如下美聯社

（Associated Press）報導：「分析師密切注意消費者支出，因為它占所有經濟活動大約三分之二。」

但消費真的是經濟體最大和最重要的部分嗎？其實不是。媒體記者應該知道，GDP不是一個衡量經濟體所有活動或支出的完整量度。GDP只計算商品與服務的最終產品。它刻意遺漏所有中間生產（intermediate production）或在製品（goods-in-process），也就是所有發生在初期生產階段的產品銷售，例如用於汽車生產的鋼鐵。為什麼？因為GDP本來就設計成只計算商品和服務的成品——可以用於家庭、企業和政府的產品。如果將每一個生產階段的支出都包含在內，會造成雙重或三重計算。例如，在麵包烘焙業的例子，它會把小麥和麵粉兩者都算在麵包的價值中。但GDP只關心最終可使用的產品——人們買回家吃的麵包。

國內支出毛額：
一個新的衡量全部經濟活動的標準

經濟學家也關心中間生產過程，通往最終產出的生產階段。這個過程始於商品生產資源開發的最初階段，例如研發（R&D），然後經過製品和半製品的生產，再經過批發和配銷通路，一路延伸到零售層次的最終銷售。

若要計算經濟體進行的所有交易，我們必須將每一個生產階段的每一筆商品與服務銷售加起來，而不是只有最終階段。在產品與服務成品賣給最終用戶之前，實際上已發生幾百萬筆中間交易。我在《生產結構》（*The Structure of Production*）這本書中，發展了一個新的國民經濟統計值來計算經濟體的全部支出，叫做

國內支出毛額（Gross Domestic Expenditures，簡稱GDE）。[2]

例如，在二〇〇五年，我估計GDE——經濟體總支出——約為27兆美元，相較下同一年的最終產出（GDP）為12.5兆美元。從占GDE的比例來看，個人消費支出總計為8.75兆美元，僅占經濟體總支出的32%，而非前述的70%。另方面，企業支出毛額（gross business expenditures）——民間投資和中間企業支出的總和——為14.6兆美元，或約占GDE的54%。由此可見，企業投資在經濟體的分量遠大於消費者支出。

美國商務部推出新的總體統計值

過去多年，經濟學家用每五年從普查和國稅局資料收集到的投入—產出統計，推算中間產值。但近年來，美國商務部經濟分析局（BEA）意識到衡量經濟體年度總支出的必要性，已推出一個新的國民所得統計值——生產總額（Gross Output，簡稱GO）。它企圖測定所有生產階段的產值，包括服務。不過，生產總額雖然向正確方向邁進了一步，仍舊不是一個衡量經濟體全部支出的完整量度。它遺漏一些批發和零售支出。儘管如此，生產總額仍然是GDP規模的幾乎兩倍。[3]

總言之，刺激消費支出短期內無疑會促進某些行業的活動。如果國民決定到當地雜貨店或購物中心大買特買，商家及其供應商的營業額和產量一定會升高。但信用卡帳單遲早到期，消費者的瘋狂血拚不可能一直延續下去，何況消費者花再多錢也不大可能幫忙築一座橋，蓋一所醫院，提供經費給一個研究計畫去治療癌症，或資助新的發明和新的生產流程。唯有更高的儲蓄水準才可能做到這些。因此，在遵循凱因斯路線，支持消費政策的國

家，不難看到奢華的精品店和商場豎立在殘破的道路和基礎建設旁。這些國家的消費與投資比率具有系統性失衡。管理大師彼得·杜拉克生前曾斥責美國「陷入生產力和資本形成的危機」及「嚴重投資不足」。[4]

儲蓄、投資和資本形成是經濟成長的構成要素。成長率最高的國家是那些鼓勵儲蓄和投資的國家，並投資於新的生產流程、教育、科技、基礎建設和節省勞力的工具。此類投資繼而產生品質更好且價格更低的消費產品。這種國家不會以儲蓄為代價，人為地促進消費。用過度消費或浪費公帑的政府計畫來刺激經濟，或許能提供人為的短期刺激，但不可能帶來真正的長久繁榮。

由於運用新的統計值GDE，現在我們知道，減少向企業和投資課稅，會產生極有利的效應，遠超過以往的估計。當企業投資占經濟體總支出的50%以上，而不是15%時，降低利息、股息和資本利得的投資稅，當然會對國民經濟造成加乘效應。

歸根究底，驅動經濟的力量是資本投資，不是消費者支出。如路德維希·馮·米塞斯多年前所言：「循序漸進的資本累積導致持續不斷的經濟進步。」[5]

第34章
黃金
光華再現

> 我們需要一個更不受時間影響的衡量標準；黃金完全符合要求。
>
> —— 馬克・默比爾斯（Mark Mobius）
> 坦伯頓基金經理

> 黃金可以長期維持它的購買力，例如，長達半個世紀。
>
> —— 羅伊・傑思詮（Roy Jastram）
> 《黃金不渝》（*The Golden Constant*）[1]

談到黃金，我就想起馬克吐溫（Mark Twain）的名言：「關於我去世的消息太誇大了。」一九九〇年代，經過幾年中央銀行拋售黃金和貴金屬市場萎靡不振，《金融時報》（*Financial Times*）宣布「黃金已死」。但它未死，只是冬眠。

這張圖缺了什麼？

在通貨緊縮的八〇、九〇年代，我奮戰《華爾街日報》及《紐約時報》編輯，力爭黃金做為全球通膨和地緣政治不穩定指

標的重要地位。在那段時期，黃金相對死氣沈沈，主流媒體忽視它。《紐約時報》財經版強調石油而非黃金，是最好的通膨信號。《華爾街日報》頭版列出十來個市場指標，包括股票、債券、貨幣和原物料，原物料包括石油，獨缺黃金。

但這一切在新的千禧年全盤改變。二〇〇一年，當恐怖攻擊啟動一個新的大政府支出和寬鬆貨幣的通膨時代，黃金死灰復燃。現在它已漲到一盎司800多美元了。

恢復金本位制？

一九九七到一九九八年的亞洲金融危機之後，著名的坦伯頓新興市場經理馬克·默比爾斯倡議創造一種新的可兌換黃金的區域貨幣「亞元」，包括發行亞洲黃金輔幣。「所有這些國家的M1貨幣供給量和外匯存底都按目前金價轉換成亞元。爾後亞元的發行只能基於黃金或等值外幣的發行準備金。」默比爾斯斥責東南亞國家的中央銀行不顧一切貶值其貨幣。後果是「該區許多企業和銀行破產，上億美元化為烏有，經濟發展受阻。」為什麼選擇黃金？「因為黃金在亞洲一向是儲值工具，而且被奉為危機時刻的最後救援。崩垮的貨幣散落亞洲歷史各處……。黃金的妙處在於限制一個國家只能花它除了黃金儲備以外還能賺到的錢。」[2]

不只是另一種原物料

雖然默比爾斯的貨幣建議未激起任何漣漪，亞洲各國央行，包括中國人民銀行，持續囤積大量黃金。近期研究支持默比爾斯的計畫。根據這些研究，黃金有三個無與倫比的特徵：一、黃金

提供世界貨幣體系一個穩定的匯率計價標準（numeraire），近似「貨幣主義法則」（monetarist rule）。二、黃金具有一種神奇能力，貫穿歷史始終維持其購買力，已故的羅伊‧傑思詮稱之為「黃金不渝」。三，這個黃澄澄的金屬有特異功能，能預測未來通膨和利率走勢。

先談黃金是穩定的貨幣制度。大部分原物料，譬如小麥或石油，「結轉」（carryover）庫存量隨著每年產量顯著不同。黃金則否。歷史資料證實，個人和中央銀行持有的黃金總儲存量一向只增不減。[3]此外，世界黃金存量每年增幅通常在1.5和3%之間，鮮少超過3%。簡言之，黃金存量的逐步增加，非常接近米爾頓‧傅利曼和貨幣學派重視的「貨幣法則」，即貨幣存量以穩定速率增加。

比較一下黃金供給量的穩定，與中央銀行持有的紙幣供給量的年度變化。八國集團（G-8）貨幣供給指數在一九七〇年代升幅高達17%，在一九九〇和二〇〇〇年代則低至3%。此外，中央銀行的貨幣政策遠比黃金供給容易變動。在全球基礎上，黃金證明比法定貨幣制度（fiat money system）穩定，也較少通膨傾向。

批評者同意黃金是天生的「硬」貨幣，但抱怨新的黃金生產跟不上經濟成長。換句話說，黃金是過硬的貨幣。如前所述，世界黃金存量年增率只有可憐兮兮的不到3%，經常低於2%，而GDP成長率通常超過3%、4%，發展中國家有時高達7%、8%。後果如何？在純粹金本位制度下，通貨緊縮不可避免。批評者說得對，黃金供給量增加速度不大可能跟得上實質GDP成長速度。僅在重大黃金發現時期，例如一八五〇年代在加州和澳洲，或一八九〇年代在南非，世界黃金供給量才會以一年超過4%的

速度增長。由於通縮壓力，恢復古典金本位制的機會渺茫。

黃金是通膨避險工具

　　黃金抗通膨的避險功能又如何？柏克萊教授羅伊‧傑思詮等人已證明黃金在購買力方面的相對穩定性——能夠長期保值和維持它購買商品與服務的能力。但重點必須放在「長期」上。短期而言，黃金的價值很大程度取決於通膨率，因此它常辜負其通膨避險工具的盛名。

　　已故的加州大學柏克萊分校商學教授羅伊‧傑思詮所著的《黃金不渝：一五六〇到一九七六年英美經驗》（*The Golden Constant: The English and American Experience*, 1560-1976），是研究黃金購買力的經典之作。這本書現已絕版，檢驗黃金跨越四百年的抗通膨和通縮的避險能力。

兩張奇異的圖

　　傑思詮的研究及位於麻薩諸塞州大巴靈頓市的美國經濟研究院（American Institute for Economic Research）的更新資料，講了一個強而有力的故事：

1. 黃金一定會恢復它的全部購買力，雖然可能花很長時間。
2. 自一九三〇年代世界各國開始改採法定貨幣制度，金價變得更易波動。注意自離開金本位制後，金價如何隨著英鎊和美元喪失購買力而劇烈起伏。（見圖34.1及34.2）

　　我在羅琳學院和哥倫比亞大學教經濟學的時候，用一枚20

元聖高登斯雙鷹（St. Gaudens double-eagle）金幣向學生講解黃
金的長期價值。一九三三年以前，美國人攜帶這種金幣當作錢。
那時候一枚雙鷹金幣，或20元，可以買一套量身訂做的西裝。
今天同樣一枚金幣——值900～1200美元，視稀有性和狀況而定
——可以買同樣一套訂製西裝。當然，雙鷹金幣具有錢幣收藏上
或稀有性的價值。一枚重一盎司的金塊，不具收藏價值，現在只
值大約900美元。黃金換算美元的價值已大幅上漲，但比不上古
董美國金幣的漲幅。

　　金價曾在一九八○年漲到一盎司800美元以上，此後持續下
跌了幾乎二十年。現在它又止跌回升。黃金真的是很好的通膨避

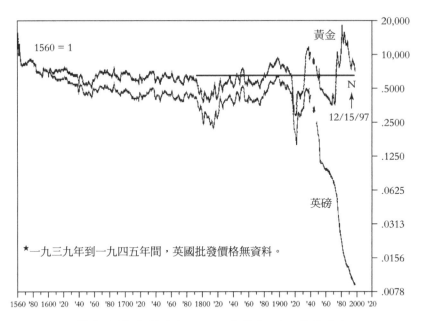

圖34.1　黃金和英磅購買力，一五六○年到二○○六年

資料來源：美國經濟研究院

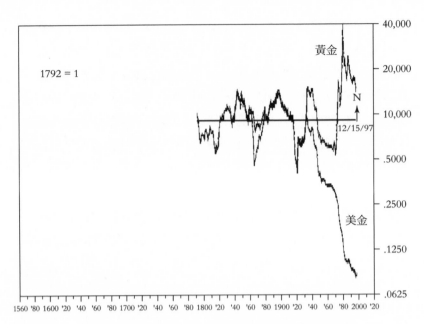

圖34.2　黃金和美金購買力，一七九二年到二〇〇六年

資料來源：美國經濟研究院

險工具嗎？確實，紀錄顯示當通膨率穩定或下降時，黃金是很差
的避險工具；實體黃金（和金礦股）通常對加速升高的通膨反應
最佳。長期而言，黃金挺得住通膨，但不應視為一個理想或完美
的避險工具。事實上，美國股票已證明是比黃金獲利更好的投資
工具。

　　賓州大學華頓學院教授傑若米・席格爾的研究，證明過去兩
百年美國股票表現遠勝於黃金。和傑思詮一樣，席格爾也證實黃
金的長期穩定性。但黃金比不上美國股市的表現。他在《長期股
票投資》（*Stock for the Long Term*）中顯示，股票的投資報酬遠
超過債券、國庫券和黃金。為什麼？因為股票反映長期經濟成長

和生產力提高。股票在二十世紀劇烈上漲,因為生活水準和美國自由企業制度顯著升高。

當通貨膨脹加劇,產業股傾向於表現不佳,黃金類股則表現亮麗。席格爾表示,儘管股票是傑出的長期抗通膨避險工具,它們「不是優秀的短期抗通膨避險工具。」[4]物價上漲是重要指標:當通膨率再度升高時,小心!股票會陷入泥淖,黃金會重現光芒。(見圖34.3)

這個黃澄澄的金屬還能做什麼?我認為黃金有兩個重要功能:首先,當物價全面上揚,它是一個可獲利的投資工具;其次,它是一個重要的氣壓計,可測知未來通膨率和利率。

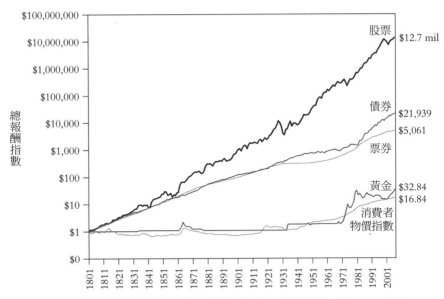

圖34.3　股票、債券、票據和黃金的名目總報酬指數:一八〇二年到二〇〇一年

黃金是可獲利的投資工具

自一九七一年美國放棄金本位制，實體黃金和金礦股已成為眾所周知的週期性投資工具。投資者應慎防黃金和金礦股反覆無常的本質，而金礦股又比黃金本身容易波動。黃金產業在上升趨勢中能提供優越利潤，在下跌趨勢中造成慘重損失。

金礦股非常容易波動的原因之一是，它們距離最終消費很遠。採礦業代表黃金生產的最初階段，而且高度資本密集，對利率變化極為敏感。[5]以黃金類股變化無常的本質，不宜當作買來長期持有的投資。

黃金是預測器

無論如何，黃金仍具有準確預測一般物價水準走向的神奇能力。一九九〇年代中葉，約翰‧李斯特（John List，彼時他在中佛羅里達大學教經濟學，現在在芝加哥大學）和我發展了一個通膨預測模型。我們測試三個原物料指數（道瓊原物料現貨指數、原油和黃金），看看哪一個最能預測一九七〇至一九九二年間消費者物價指數（Consumer Price Index，簡稱CPI）的變化。結果證明，以消費者物價指數來衡量，黃金是未來通膨的最佳指標。滯後期約為一年。亦即，黃金可以在一年前準確預測物價指數的走向。（在每月基礎上，三個指數預測物價指數變化的本領都很差。）

總之，如果你想知道未來通膨趨勢，就觀察紐約商品交易所的黃金交易員。如果金價進入持續上升趨勢，預期未來通膨升高。

現在《華爾街日報》和CNBC都報導金價。美國聯準會主席和七國集團（G-7）央行總裁都密切注意金價。《華爾街日報》社論在評論二〇〇三到二〇〇四年聯準會的寬鬆貨幣、低利率策略時表示：「聯準會在助長通膨預期心理，這種預期自一九七〇年代末期以來不曾見過。金價大致反映這些預期心理，金價曲線圖暗示聯準會犯的錯誤之大。」[6]

黃金是終極指標。

第35章
大蕭條可能再發生嗎？

美國經濟有防蕭條功能。

——米爾頓·傅利曼（一九五四年）[1]

大蕭條捲土重來，挾著股市崩盤，公司利潤暴跌，失業率竄
升至25%或更高的後果，是否可能？大多數經濟學家同意
傅利曼的看法，一九五四年他在瑞典演講這個題目，表示現在政
府領導人和中央銀行主事者了解經濟體的基本內部運作，並且有
技術工具去防止全面崩盤。他指出幾個制度性改變，使類似事件
難以想像，例如聯邦存款保險；國際金本位制度的廢除；政府規
模的擴大，包括福利給付、失業保險及其他內建的穩定機制。最
重要的是，聯準會已從過去錯誤學到教訓，不會重蹈覆轍，知道
如何不計一切代價避免貨幣崩垮（主要是向市場和銀行體系注入
流動性）。

當然，傅利曼預言大蕭條不會再來，到目前為止證明正確。
我們經歷過無數次經濟緊縮和衰退，甚至幾次股市崩盤，但我們
躲過了類似一九三〇年代全面瓦解的大蕭條災難。縱使再發生一
次大蕭條的可能性很低，它當然不是絕無可能。我們的經濟
「耐」蕭條，但不「防」蕭條。在解釋之前，讓我們先回顧大蕭
條的意義，它為什麼發生，為什麼延續那麼久，我們又如何走出

大蕭條。

大蕭條的衝擊

　　時至今日，一九三○年代的大蕭條也許只剩下模糊的記憶，但它的衝擊仍可從政策和理論感受得到。漫長的蕭條在整個西方世界形成一種反對自由放任政策，贊成國家無孔不入處處干預的氛圍。大蕭條導致福利國家及對大政府的無限信任。它引起大部分英美經濟學界質疑古典自由市場經濟學，並尋找極端反資本主義的替代方案，最後皈依凱因斯主義新經濟學和需求面經濟學。

　　大蕭條之前，大多數西方經濟學家認同節儉、有限政府、平衡預算、金本位和賽伊法則的傳統美德。到了戰後時期，雖然大多數經濟學家仍捍衛個體經濟規模的自由企業和自由貿易，但在總體經濟層次，他們排斥傳統觀點，鼓吹消費重於儲蓄，法定貨幣重於金本位，赤字支出重於平衡預算，積極國家干預重於有限政府。他們接受凱因斯派論點，認為自由市場天生不穩定，能造成無限期的高度失業和閒置資源。他們將大蕭條的責任歸咎於自由放任資本主義，並聲稱二次世界大戰期間的龐大政府支出是資本主義制度得以苟延殘喘的唯一理由。簡言之，大蕭條為集體主義在美國及世界各地的廣為流傳打開大門。

　　所幸，自由市場經濟學家逐漸戳穿這些論點，鐘擺緩緩擺向另一邊，古典自由市場經濟學的聲勢再度看漲。有三個問題必須回答：大蕭條的起因是什麼？它為什麼延續這麼久？二次大戰真的恢復繁榮了嗎？經濟史學家羅伯‧希格斯（Robert Higgs）把這個三個論題叫做「大收縮」（Great Contraction）、「大延續」（Great Duration）和「大逃亡」（Great Escape）。

大收縮的原因

許多自由市場經濟學家試圖回答第一個問題,包括班傑明・安德森(Benjamin M. Anderson)和穆瑞・羅斯巴德(Murray N. Rothbard)[2],但他們的影響力比不上傅利曼在一九六〇年代初關於貨幣的實證研究。他的研究是第一個有效反擊,並戳破大蕭條是天生不穩定的資本主義制度一手造成的論點。傅利曼(與共同作者安娜・舒華茲〔Anna J. Schwartz〕)強而有力證明,造成大蕭條的不是自由企業,而是政府——尤其是聯邦儲備系統。傅利曼與舒華茲只用了一句話就定了聯準會的罪,這句話令所有讀者眼睛一亮:從一九二九年八月的週期高峰到一九三三年的週期低谷,貨幣存量減少三分之一以上。[3](這句話最讓人吃驚的原因是,直到傅利曼的研究,聯準會不曾公布貨幣供應數字,如M1和M2!)

傅利曼與舒華茲也證明金本位制並未造成大蕭條,如某些凱因斯派經濟學家所指控的。在一九三〇年代初期,即使聯準會違反常理地提高重貼現率,容許貨幣供應變少和銀行崩垮,美國黃金存量仍然增加。[4]

漫長衰退

在整個一九三〇年代,經濟活動和就業率始終停滯不前,造成典範轉移,從古典經濟學轉到凱因斯主義。當時和凱因斯針鋒相對的奧地利經濟學家海耶克,對自由世界的經濟狀態灰心透頂,索性放棄經濟學,改行研究政治學。

為什麼大蕭條延續這麼久?穆瑞・羅斯巴德的《美國大蕭

條》（*America's Great Depression*）只寫到一九三三年，羅斯福總統上台之時，許多自由市場經濟學家繼承他未竟之業。金·史邁立（Gene Smiley，馬奎特大學）試圖從奧地利學派觀點，分析一九三〇年代財政政策的反常角色。我概述經濟停滯和失業率居高不下的原因，譬如史穆特─郝雷關稅法（Smoot-Hawley Tariff）、加稅、政府管理和控制，以及同情勞工的立法。[5]

更近期的研究來自獨立學會（Independent Institute）的羅伯·希格斯，他深入分析一九三〇年代的低迷不振，重點在這段時期民間投資不足。根據希格斯的研究，民間投資受到新政（New Deal）嚴重阻撓，這些計畫破壞投資者和企業的信心，而信心是復甦的關鍵。[6]簡言之，新政延長了蕭條。

我們是怎樣脫困的？

在另一項傑出研究，希格斯駁斥二次世界大戰把我們從大蕭條中救出來，並重建經濟、恢復全面就業的流行觀點。戰爭只帶來復甦的表象，事實上當美國人為國作戰和捐軀時，民間消費和投資仍然下滑。直到戰爭結束，大部分戰時管制措施取消，大部分用於軍事的資源回歸民生生產，才恢復真正的繁榮──真正的大逃亡。[7]民間投資、企業信心和消費者支出，直在戰後才恢復正常。[8]

總之，洗刷自由市場資本主義的名譽是一場漫長和艱苦的戰爭。最後，通過傅利曼、羅斯巴德、史邁立、希格斯等學者的開創性研究，現在我們終於可以說這場戰爭已經勝利。

它會再發生嗎？

但萬一政府官員忘記大蕭條的教訓呢？以下是幾個假設情境：

1. 政府可能承諾過多的應得權益、福利給付、戰爭支出，造成財政破產和大規模通膨的威脅，因而動搖經濟。
2. 政府可能施加過多的管制、官僚手續和租稅於企業和貿易，造成經濟低迷不振和永久衰退。
3. 一連串意外事件可能觸發一場重大金融災禍——拋售美元；房地產危機突然從一個資產類別（譬如政府債券）轉移到另一個（譬如黃金或硬貨幣）；重大恐怖攻擊；天災——而令貨幣管理當局不知所措。

只要全球金融體系建立在反覆無常、不穩定的通貨膨脹政策，結合脆弱的部分準備制銀行系統（fractional serve banking system）和自由放任的全球市場，就不能排除金融混亂和經濟浩劫繼之而來的可能性。這些年來政府已有能力有效因應各種危機，市場也能恢復正常。但最近的金融恐慌肯定不是最後一次，我們也永遠不該低估全球市場以無法預料的方式做出反應的能力。

（編按：原書出版於二〇〇八年底，當時金融危機才要全面爆發。）

第36章
當今最有影響力的經濟學家？

但半個世紀後，被推翻的是凱因斯，登上龍頭寶座的是＿＿＿＿
＿＿＿＿，自由市場的堅定擁護者。

——丹尼爾·葉金（Daniel Yergin）與
約瑟夫·史坦尼斯洛（Joseph Stanislaw）[1]

請填以上空白。誰是這位神秘的經濟學家？我的同仁多半填米爾頓·傅利曼，但在丹尼爾·葉金與約瑟夫·史坦尼斯洛合著的暢銷書及改編自這本書的美國公共電視（PBS）片集中，芝加哥經濟學家以些微之差屈居亞軍，輸給……海耶克，奧地利經濟學家！

為什麼是海耶克？因為，根據葉金與史坦尼斯洛的看法，在拆穿形形色色社會主義——馬克思主義、共產主義和產業計畫——的假面具，並促使自由市場成為替代制度上，海耶克的貢獻超過其他任何經濟學家。海耶克的影響力充分印證凱因斯對政治人物的評語：「掌握權力的瘋子」是「某個已故經濟學家的奴隸」。[2]

的確，海耶克的影響無所不在。葉金與史坦尼斯洛指出，《通往奴役之路》（*The Road to Serfdom*）深深影響英國首相柴契爾夫人在英國推動的改革，並挑起人們對產業計畫的不信任。海

耶克批判凱因斯主義之作《抓住老虎尾巴》（*A Tiger by the Tail*），喚起人們對赤字支出和國家有能力微調經濟的懷疑。他的分散知識與競爭是一種發現程序（discovery process）的理論，影響了個體經濟理論和實驗經濟學。他對商業循環（trade cycle）和貨幣去國家化（denationalization of currencies）的研究，影響了貨幣政策。他共同發起成立的蒙佩崙學會（Mont Pelerin Society），將自由市場、財產權和古典自由主義的福音散播到全球各地。他的書已翻譯成數種語言，包括中文。[3]

葉金與史坦尼斯洛在《制高點：世界經濟之戰》（*The Commanding Heights: The Battle Between Government and the Marketplace That Is Remaking the World*）中揭露，以市場為基礎的經濟學（market-based economics）大獲全勝。以葉金出身權威媒體記者的背景，又寫過一本談大石油公司的普立茲獎得獎作品《石油世紀》（*The Prize*），這個結論格外引人注目。

其他奧地利學派主角：杜拉克及熊彼得

一九九〇年代初，我在《審判經濟學》（*Economics on Trial*）中主張，「下一個經濟學」將會採取奧地利模型，重點在企業家精神、個體經濟學、不均衡、管制鬆綁、儲蓄、自由企業和健全貨幣。但選擇哪一位奧地利經濟學家？在商界，最著名的奧地利經濟學家是已故的彼得・杜拉克，他以強調企業家精神、創新和投資資本，並斥責大政府、過高租稅和凱因斯派經濟學而聞名。杜拉克認為，大企業是理想的社會制度，是「現代自由、非革命的方式」和比大政府更適合人民的社會制度。杜拉克的管理風格是徹頭徹尾的奧地利學派。他在著作和顧問工作中，不斷強調時

間、預期、新資訊及生產流程的潛在改變──統統是奧地利學派的重點。管理者必須是企業家，而非僅是行政人員。創新是根本。

在金融圈，最重要的奧地利經濟學家是熊彼得，他出生於奧地利，任教於哈佛大學，直到一九五○年過世。他強調企業家精神、競爭市場的動力，及「創造性破壞」循環。事實上，杜拉克曾在一篇文章「現代先知：熊彼得或凱因斯？」中預言，「熊彼得將塑造本世紀剩餘時間，即使不是未來三十或五十年。」[4]

雙城記

葉金與史坦尼斯洛正確指出，世界經濟問題的解決之道從政府轉移到民間企業，是兩個自由市場經濟學派造成的。「這個觀點的最後勝利其實是一個雙城故事──維也納和芝加哥，」兩位作者宣稱。

在許多經濟學家的評價中，米爾頓‧傅利曼及芝加哥學派的影響力甚至大於海耶克及奧地利學派。葉金承認傅利曼是「世界最著名的經濟學家」，表示就貨幣主義對聯準會和經濟政策（雷根主政時期）的影響而論，「芝加哥學派的身影非常高大」。當然，十大最暢銷的經濟學教科書全都用顯著篇幅談傅利曼和他的理論（貨幣主義、自然失業率、福利改革、民營化）。傅利曼和芝加哥學派已向凱因斯主義發動一場有效的反革命。

大迴轉

但凱因斯在一九三○年代的主要對手是海耶克。當凱因斯

（在劍橋大學）鼓吹消費、赤字支出、寬鬆貨幣和大政府的「新經濟」時，在倫敦經濟學院教書的海耶克則捍衛節儉、平衡預算、金本位和自由市場的古典模型。凱因斯打贏第一場戰役，擄獲經濟學家的歡心，他的「混合經濟」品牌也席捲了這個行業。海耶克失寵，改行撰述法律和政治學。把凱因斯拉下寶座的任務落到傅利曼身上；他不負眾望，技巧熟練地完成任務。

一九七四年榮獲諾貝爾經濟獎後，海耶克和奧地利學派重獲新生。同樣的，傅利曼和芝加哥學派也從默默無聞，變成地位顯赫。五十年前，圍繞凱因斯─集體主義的共識表達的情緒是，「國家是聰明的，市場是愚蠢的。」今天，日益茁壯的共識恰恰相反：「市場是聰明的，國家是愚蠢的。」

但現在就開香檳慶祝自由企業資本主義的勝利也許還太早。戰役贏了，但戰爭尚未結束。誠如傅利曼所言：「自由是一朵珍奇和嬌弱的花。」

第37章
二十一世紀經濟學

大自然並未對我們的願望實現設限。
—— 康多賽侯爵（Marquis De Condorcet）

最近我偶然讀到康多賽侯爵（一七四三～一七九四年）的非凡作品，他是啟蒙時代的法國數學家，具有驚人的預言能力。馬爾薩斯（一七六六～一八三四年）在著名的《人口論》（一七九八年）中譏笑康多賽的樂觀主義。今天馬爾薩斯赫赫有名，康多賽則被遺忘。但事實證明，康多賽遠比馬爾薩斯有先見之明。

康多賽在兩百多年前寫了一篇論文，名為〈人類心智的未來進步〉，譯成英文則是〈The Future Progress of the Mind〉，預見農業革命、勞動生產力大躍進、每週工作天數減少、消費者社會、平均壽命顯著延長、醫學突破、常見疾病治癒，及世界人口爆炸。

康多賽在這篇論文的結語中說了一段話，精確描述支配二十世紀的兩股力量：一股是戰爭和違反人道罪行的破壞力量，另一股是全球自由市場資本主義的創造力量。他一邊雄辯滔滔地敘述：「錯誤、犯罪、不正義繼續污染大地，」同時又慶賀我們「從人類枷鎖解放出來，擺脫命運的宰制，排除進步的障礙，踏著堅定穩固的步伐，沿著真理、美德和幸福之路前進！」[1]

隨著新千禧年到來，回顧二十世紀歷史成了顯學。康多賽的

論文反映這段不可思議時期的兩個特徵。首先，過去百年充滿了苦難和邪惡不義；其次，同一時期又出現難以置信的經濟和科技進步。

二十世紀的罪行

保羅‧約翰遜（Paul Johnson）的《現代時期》（*Modern Times*）是寫得最好的二十世紀世界史，強而有力地證明這個世紀是整個世界歷史上最血腥的一百年。[2]這個世紀慘遭屠殺的平民百姓細分如下：

遭政府殺害的平民

國家	（百萬人）	年代
蘇聯	62	（1917～91）
中國（共產黨）	35	（1949～ ）
德國	21	（1933～45）
中國（國民黨）	10	（1928～49）
日本	6	（1936～45）
其他	36	（1900～ ）
總計	一億七千萬人	

死於戰爭的平民

戰爭類型	（百萬人）
國際戰爭	30
內戰	7
總計	三千七百萬人

經濟學家用一個統計數字來衡量在全面就業的情況下，可能存在的國民產值，稱之為「潛在GDP」。想想看，如果共產黨、納粹和其他殘暴政權不曾利用政府力量犯下那些可恨的違反人道罪行，潛在GDP是多少。另一位偉大的法國作家費德列克·巴斯夏（一八〇一～一八五〇年）在一八五〇年寫過一篇論文，叫做〈看得見的和看不見的〉。[3] 我們看不見死在蘇聯勞改營、納粹集中營和赤柬殺戮戰場的千千萬萬人的藝術、文學、發明、音樂、書、慈悲和善行。

二十世紀的經濟奇蹟

但對那些倖免於戰爭和壓迫的人來說，二十世紀也是最美好的時代。電信、農業、交通、能源和醫學上的神奇科技進步，讓千千萬萬美國人、歐洲人和亞洲人擺脫了成天勞動的苦役。史丹利·黎博國的《追求幸福：二十世紀的美國消費者》（*Pursuing Happiness: American Consumers in the Twentieth Century*），是描述這個經濟奇蹟最好的一本書。他以食物、煙酒、衣服、住所、燃料、家事、健康、交通、休閒和宗教為例，強而有力地證明「消費者如何設法使一個不確定和往往殘酷的世界，變成更舒適和更便利的地方。」[4] 結果，美國人的生活水準在過去一百年至少提高十倍。

在新的千禧年，經濟學家應該追求的目標是什麼？當然不是重蹈覆轍。在國會、白宮和學府殿堂，我們必須拒絕馬克思主義的殘暴不仁，凱因斯主義大政府的沈重負擔，干預主義中央銀行在健全貨幣上的放縱墮落。最重要的是，象牙塔裡的經濟學家必須將更多注意力放在經濟學的應用（如黎博國的研究），而不是

建構高深莫測的數學模型。在這本書裡，我從頭到尾強調應用經濟學家在個人財務、商業、法律和宗教方面的傑出和有時令人吃驚的進展。

就積極計畫而言，奧地利裔管理大師彼得·杜拉克約二十年前寫的一篇談「下一個經濟學」的論文，為我們指出了正確方向：「資本是未來……，下一個經濟學必須再度是個體經濟學並著重於供給。」杜拉克要求未來的經濟理論致力於「優化生產力」，造福所有工作者和消費者。[5]令人玩味地，杜拉克以贊許的態度引述諾貝爾獎得主羅伯·孟岱爾的作品，孟岱爾以提倡供給面經濟學及用黃金儲備做為保證的國際貨幣聞名。

提防敵人

市場力量氣勢如虹。蘇聯共產主義的崩垮，用米爾頓·傅利曼的話來說，將「鬼鬼祟祟的社會主義」變成「搖搖欲墜的社會主義」。但我們不可輕易上當。錯誤政策、社會主義思想和階級仇恨一時死不了。除非我們保持警惕，天賦自由和普世繁榮會再度遭受威脅。我們必須鬆綁管制、民營化、減稅、開放邊界、控制通膨、平衡預算，並限制政府在其適當的憲法權限內。我們必須比過去更加努力教書、寫作和大聲疾呼經濟自由化。讓我們將下一個時代的目標訂為：在我們有生之年實現人人自由！

註釋

推薦序

1. 一九一五年二月二十三日阿弗瑞德‧馬歇爾給 C. R. Fay 的信，收錄在 Arthur C. Pigou, ed., *Memorials of Alfred Marshall* (London: Macmillan, 1925), 489-490.

2. John Maynard Keynes, *Essays in Persuasion* (New York: W. W. Norton, 1963 [1931]), 366-367.

導言：探索的黃金時代

1. Diane Coyle, *The Soulful Science: What Economists Really Do and Why It Matters* (Princeton University Press, 2007), 232.

2. Friedrich A. Hayek, "The Pretence of Knowledge," 諾貝爾獎頒獎典禮演說 (December 11, 1974).

3. Robert J. Barro, "Cut Taxes," *Wall Street Journal* (November 21, 1991).

4. Herbert Stein, "The Age of Ignorance," *Wall Street Journal* (June 11, 1993).

5. Paul Krugman, *Peddling Prosperity* (New York: W. W. Norton, 1994), 9, 24。克魯曼上一本書《*The Age of Diminishing Expectations*》，出版於一九九〇年代初，時值第三世界國家開始揚棄社會主義和共產主義，而且第一次感覺前途有望。一九九〇年代證明是經濟和股市暴增的十年。

6. J-B. Say, *A Treatise on Political Economy,* 4th ed. (New York: Augustus M. Kelly, 1971 [1880]), xxi, xxxv.

7. Arjo Klamer and David Colander, *The Making of an Economist* (Boulder, Colorado: Westview, 1990), xv.

8. Richard A. Posner, *Law and Literature,* 2nd ed. (Cambridge: Harvard University Press, 1998), 182.

9. Gary S. Becker and Guity Nashat Becker, *The Economics of Life* (New

York: McGraw-Hill, 1997), 3.

第1章：經濟學家發現提高你的儲蓄率三倍的無痛辦法——900億美元的機會

1. 二○○四年三月十日芝加哥大學商學研究所教授李察‧泰勒在美國參院「幫助美國人儲蓄」專案小組證詞。

2. "Living on Borrowed Time," The *Economist* (November 6, 1999).

3. 參見Klaus Schmidt-Hebbel and Luis Serven, eds., *The Economics of Saving and Growth* (New York: Cambridge University Press, 1999).

4. N. Greg Mankiw, *Macroeconomics,* 2nd ed. (New York: Worth Publishers, 1994), 86.

5. Dawn Kopecki, "Wrestling for the 401(k) Purse," *BusinessWeek* (September 10, 2007), 60.

6. 「動物精神」和「非理性衝動」的出處為John Maynard Keynes, *The General Theory of Employment, Interest and Money* (New York: Macmillan, 1973 [1936]), 161-162.

7. Robert Shiller, *Irrational Exuberance* (Princeton University Press, 2000), 142.

8. Ludwig von Mises, *Theory and History* (New Haven: Yale University Press, 1957), 268。不過，米塞斯拒絕稱錯誤的決定為「非理性」。他說，「錯誤、無效率和失敗不可與非理性混為一談。人通常追求自己的欲望，視之為目標。如果他沒有射中目標，他不是「非理性」，只是差勁的射手。」

9. Israel M. Kirzner, "Economics and Error" in *Perception, Opportunity, and Profit* (Chicago: University of Chicago Press, 1979), 135.

10. Mark and Jo Ann Skousen, *High Finance on a Low Budget* (Chicago: Dearborn, 1994), *Mark Skousen's 30-Day Plan for Financial Independence* (Washington, D.C.: Regnery, 1998).

第2章：現代投資組合理論：你能戰勝市場嗎？

1. Burton G. Malkiel, *A Random Walk Down Wall Street,* 5th ed. (New York: Norton, 1990), 24.

2. Warren Buffett, "Remarks," *Berkshire Hathaway Annual Report* (1988).

3. Jack D. Schwager, *The New Market Wizards: Conversations with America's Top Traders* (New York: Collins, 1994).

4. Jack D. Schwager, *Stock Market Wizards: Interviews with America's Top Stock Market Traders* (New York: Collins, 2003).

第3章：是的，你可以打敗市場…還可以降低風險

1. Lawrence Carrel, "Index Wars," *Smart Money,* August 16, 2006.

2. 「市值」一詞指一家上市公司的股票市值總和（股價乘已發行的股票數目）。市值加權指數是按成分股的市值比重加權計算而得的指數。股息加權指數是按成分股的配息加權計算而得的指數。

第4章：高報酬投資法：耶魯捐贈基金的啟示

1. David S. Swensen, *Unconventional Success: A Fundamental Approach to Personal Investment* (New York: Free Press, 2005), 297.

2. Swensen, *Unconventional Success*, 298.

第5章：智利如何發動一場工人資本家革命

1. Jose Pinera, "The Success of Chile's Privatized Social Security," *Cato Policy Report,* http://www.cato.org/pubs/policy_report/pr-ja-jp.html.

2. Milton Friedman, *Capitalism and Freedom* (University of Chicago Press, 1962), 182-89。傅利曼後來支持智利模型，贊成美國社會安全制度民營化。

3. 二○○四年八月十八日與阿諾・哈柏格在鹽湖城蒙佩崙學會（Mont Pelerin Society）會議中私下訪談。TIAA-CREF並非美國唯一提供個人化退休金帳戶的年金系統。聯邦政府的節約儲蓄帳戶（TSA）提供多種基金選擇給聯邦員工的個人退休帳戶。

4. Jose Pinera, "The Success of Chile's Privatized Social Security," *Cato Policy Report,* http:// www.cato.org/pubs/policy_report/pr-ja-jp.html.

5. Rudi Dornbusch, "Dole Blew a Chance to Be Bold," *BusinessWeek,* September 2, 1996.

第6章：呼籲社會安全改革

1. Vito Tanzi and Ludger Schuknecht, *Public Spending in the 20th Century; A Global Perspective* (Cambridge: Cambridge University Press, 2000), 201.

2. Ludwig von Mises, *Planning for Freedom,* 4th ed. (South Holland, Ill.: Libertarian Press, 1980), 18-35。此論點同樣適用於聯邦醫療保險給付的藥物。

第7章：每個月從社會安全領4,000美元？

1. William G. Shipman, "Retiring with Dignity: Social Security vs. Private Markets," Cato Institute Policy Analysis (August 14, 1995): http://www.cato.org/pubs/ssps/ssp2es.html..

第8章：私部門如何解決自己的年金危機

1. Peter F. Drucker, "The Sickness of Government," in *The Age of Discontinuity* (New York: Harper, 1969), 229, 236.

2. Peter F. Drucker, *The Unseen Revolution: How Pension Fund Socialism Came to America* (New York: Harper & Row, 1976)。這本書後來重印，添加一篇新的導言，改名為 *The Pension Fund Revolution* (New Brunswick, NJ.: Transaction, 1996).

3. Andrew G. Biggs, "Social Security: Is It a Crisis That Doesn't Exist?" Cato Social Security Privatization Report 21 (www.cato.org), October 5, 2000, 3.

4. 同上，32頁.

5. Drucker, *The Age of Discontinuity*, 241.

第9章：幸福的四大源頭：錢是其中之一嗎？

1. Bruno S. Frey and Alois Stutzer, *Happiness and Economics* (Princeton, N.J.: Princeton University Press, 2002), 81.

2. 參見我的文章 "Easy Living-My Two Years in the Bahamas" 於 www.mskousen.com. Frey and Stutzer, 75.

3. 同上，78頁。事實上，Frey and Stutzer發表了一張圖，顯示「美國的

人均所得在近幾十年劇烈上升，但同一時期認為自己『非常快樂』者的比例卻下滑」（77頁）。

第10章：別相信傳統會計方法：EVA是新的利器

1. Al Ehrbar, EVA: *The Real Key to Creating Wealth* (New York: Wiley & Sons, 1998), viii.

2. John Kay, *Why Firms Succeed* (New York: Oxford University Press, 1995), 19.

第11章：米塞斯如何幫忙建立世界最大的非上市公司

1. Ludwig von Mises, *The Anti-Capitalist Mentality* (Libertarian Press, 1972 [1956]), 19.

2. John Maynard Keynes, *The General Theory of Employment, Interest and Money* (London: Macmillan, 1936), 383.

3. Charles Koch, *The Science of Success* (New York: Wiley, 2007), 149.

4. Koch, *The Science of Success,* 15.

第12章：瞧，女士，不塞車！

1. Jonathan Leape, "The London Congestion Charge," *Journal of Economic Perspectives* 20:4 (Fall 2006): 157.

2. National Transportation Operations Coalition, *National Traffic Signal Report Card*, 2005.

3. Ted Balaker and Sam Staley, *The Road More Traveled* (New York: Rowman & Littlefield, 2006), xiii.

4. Jonathan Leape, "The London Congestion Charge, " *Journal of Economic Perspectives* 20:4 (Fall 2006): 165-166.

5. 引語出自 Robert W. Poole, Jr., "HOT Lanes Advance in Seven States," *Budget & Tax News* (Chicago: Heartland Institute, March 2004).

6. Peter Samuel and Robert W. Poole, Jr., "The Role of Tolls in Financing 21st Century Highways" (Los Angeles: Reason Foundation, 2007), Executive Summary.

第13章：病人力量：消費者導向的新醫療計畫

1. Michael F. Cannon and Michael D. Tanner, *Healthy Competition* (Washington, D.C.: Cato Institute, 2005), 7.

2. 嚴格來說，它們是「醫療費退款帳戶」（HRA），比健康儲蓄帳戶的規則和限制少。健康食品超市考慮未來轉換到健康儲蓄帳戶。

3. John Mackey, "Whole Foods Markets' Consumer-Driven Health Plan"，二○○四年十月在德州首府奧斯丁的州政策網絡會議演講，全文見 http://www.world.congress.com/news/Mackey_Transcript.pdf

第14章：教育回歸基本面：讓競爭進入教室

1. Adam Smith, *The Wealth of Nations* (New York: Modern Library, 1965 [1776]), 719.

2. Milton Friedman, "Prologue: A Personal Retrospective," *Liberty and Learning: Milton Friedman's Voucher Idea at Fifty,* ed. by Robert C. Enlow and Leonore T. Ealy (Washington, D.C.: Cato Institute, 2006), x.

3. Adam Smith, *The Wealth of Nations,* 718, 720.

4. Robert C. Enlow and Leonore T. Ealy, eds., *Liberty and Learning* (Cato Institute, 2006), viii, 4.

5. Milton Friedman, *Capitalism and Freedom* (Chicago: University of Chicago Press, 1982 [1962]), 93.

6. Herbert J. Walberg, *School Choice: The Findings* (Washington, D.C.: Cato Institute, 2007), 104.

7. Andrew Coulson, "A Critique of Pure Friedman: An Empirical Reassessment of 'The Role of Government in Education,'" *Liberty and Learning*, 116.

8. Herbert J. Walberg, *School Choice*, 47-49.

9. Herbert J. Walberg, *School Choice*, 51-53.

10. Herbert J. Walberg, *School Choice*, 扉頁.

第15章：越多槍枝，越少犯罪

1. Gary S. Becker and Guity Nashat Becker, *The Economics of Life* (New

York: McGraw-Hill, 1997), 143.

2. 引語出自David Colander, *The Making of an Economist, Redux* (Princeton University Press, 2007), 190.

3. Becker and Becker, *Economics of Life*, 137.

4. John R. Lott, Jr., Freedomonomics (Washington: Regnery, 2007), 134-135.

5. Lawrence Katz, Steven D. Levitt, and Ellen Shustorovich, "Prison Conditions, Capital Punishment, and Deterrence," *American Law and Economics Review*, 2003 (5:2), 318-343.

6. Adam Liptak, "Does Death Penalty Save Lives? A New Debate on an Old Question," *New York Times* (November 18, 2007), p. 1.

7. 同上，32頁

8. John R. Lott, Jr., *More Guns, Less Crime* (Chicago: University of Chicago Press, 1998), 5.

9. 同上。

10. Frederic Bastiat, "What Is Seen and What Is Not Seen," *Selected Essays on Political Economy* (Irvington-on-Hudson, N.Y.: Foundation for Economic Education, 1995 [1850]), 1.

11. 同註8。

第16章：經濟學家感染拍賣熱

1. William Vickrey, "Counterspeculation, auctions, and competitive sealed tenders," *Journal of Finance* 16 (1961), 8-37.

2. Paul Klemperer, *Auctions: Theory and Practice* (Princeton University Press, 2004), 105, 107.

3. 引語出自David Reiley, "Vickrey Auctions in Practice: From Nineteenth Century Philately to Twenty-First Century E-commerce," *Journal of Economic Perspectives* 16:3 (Summer 2000), 183-192.

4. Milton and Rose Friedman, *Two Lucky People* (University of Chicago Press, 1998), 385-386.

5. www.treas.gov/auctions/

6. http://www.cambridge.org/uk/economics/milgrom/reviews.htm.

7. Paul Klemperer, *Auctions: Theory and Practice* (Princeton University Press, 2004), preface.

8. "Why we do what we do on eBay: Economists mine the online auction site to find out why shoppers act irrationally," *Christian Science Monitor* (July 16, 2007).

第17章：如果你私自建它…人們會來：體育館經濟學

1. Paul A. Samuelson, *Economics,* 6th ed. (New York: McGraw-Hill, 1964), 159.

2. Ronald H. Coase, "The Lighthouse in Economics" in *The Firm, the Market, and the Law* (Chicago: University of Chicago Press, 1988), 213。寇斯的文章原先發表在 *The Journal of Law and Economics* (October 1974).

3. Mark Skousen, "The Perseverance of Paul Samuelson's Economics," *Journal of Economic Perspectives* (Spring 1997), 145.

4. Paul A. Samuelson and William D. Nordhaus, *Economics,* 16th ed. (New York: McGraw-Hill, 1998), 36n.

5. Peter Waldman, "If You Build It Without Public Cash, They'll Still Come," *Wall Street Journal,* March 31,2000, 1.

6. Mark S. Rosentraub, *Major League Losers: The Real Cost of Sports and Who's Paying for It* (New York: Basic Books, 1997).

7. Roger G. Noll and Andrew Zimbalist, *Sports, Jobs, and Taxes: The Economic Impact of Sports Teams and Stadiums* (Washington, D.C.: Brookings Institution, 1997).

8. J. C. Bradley, *The Baseball Economist* (New York: Dutton, 2007), 8-9。不過此處應該指出，自一九九四年起兩個聯盟的觸身球率差距已經縮小。布瑞德利認為原因有二：一是一九九〇年代聯盟擴張，稀釋了球員的質量，另一是大聯盟對於觸身球採「雙重警告」規則。參見See Bradley, *The Baseball Economist,* 10-11.

9. J. C. Bradbury, *The Baseball Economist,* 74-81.

10. J. C. Bradbury, *The Baseball Economist,* 81. 參見他的網站 www.sabernomics.com.

第18章：誰是亨利‧史匹曼？懸疑小說經濟學

1. 參見，例如，Gary Becker, The *Economic Approach to Human Behavior* (Chicago: University of Chicago Press, 1976).

第19章：生態—經濟之爭：憤怒的地球或美麗的世界？

1. Worldwatch Institute, *The State of the World 2002* (New York: Norton, 2002), xvii.

2. Bjorn Lomborg, *The Skeptical Environmentalist: Measuring the Real State of the World* (Cambridge: Cambridge University Press, 2001), 30, 32.

3. 參見 Julian L. Simon, *The Ultimate Resource 2* (Princeton University Press, 1998) 與 *The State of Humanity* (New York: Blackwell, 1995).

4. Lomborg, *Skeptical Environmentalist*, 33.

5. Lomborg, *Skeptical Environmentalist*, 318.

6. Bjorn Lomborg, *Cool It: The Skeptical Environmentalist's Guide to Global Warming* (New York: Knopf, 2007).

7. Terry L. Anderson and Donald R. Leal, *Free-Market Environmentalism*, 2nd ed. (New York: Palgrave, 2001), 47-58.

8. Garrett Hardin, "The Tragedy of the Commons," 重印於 Garrett Hardin and John Baden, eds., *Managing the Commons* (San Francisco: W.H. Freeman, 1977), 20.

9. 另兩份來自自由市場觀點的資料是 Michael Sanera and Jane S. Shaw, *Facts, Not Fear: A Parent's Guide to Teaching Children About the Environment* (Washington, D.C.: Regnery, 1996)，以及 Ronald Bailey, ed., *Earth Report 2000* (New York: McGraw Hill, 2000).

第20章：人口炸彈：經濟學家加入馬爾薩斯論戰

1. Julian Huxley, "Too Many People," in Fairfield Osborn, ed., *Our Crowded Planet: Essays on the Pressure of Population* (New York: Doubleday, 1962), 223.

2. Paul R. Ehrlich, *The Population Bomb* (New York: Sierra Club, 1968), preface.

3. Ehrlich, *Population Bomb,* 17.

4. Robert Malthus, *Essay on Population* (New York: Penguin Books, 1985 [1798]), 71.

5. Malthus, *Essay on Population,* 67-80, 225.

6. 欲知不同於馬爾薩斯的觀點，參見 Julian L. Simon, ed., *The State of Humanity* (1995) 及 *The Ultimate Resource 2* (1996).

第21章：一個私部門消滅赤貧的辦法

1. William Easterly, *The Elusive Quest for Growth* (Cambridge, Mass.: MIT Press, 2001), 291.

2. 近期例子包括 Paul Craig Roberts and Karen LaFollette Araujo, *The Capitalist Revolution in Latin America* (New York: Oxford University Press, 1997)；及 James A. Dorn, Steve H. Hanke, and Alan A. Walters, eds., *The Revolution in Development Economics* (Washington, D.C.: Cato Institute, 1998).

3. 參見 P.T. Bauer, *The Development Frontier* (Cambridge, Mass.: Harvard University Press, 1991), *Equality, the Third World and Economic Delusion* (Cambridge, Mass.: Harvard University Press, 1981), *and Dissent on Development* (Cambridge, Mass.: Harvard University Press, 1976).

4. William Easterly, *The White Man's Burden: Why the West's Efforts to Aid the Rest Have Done So Much Ill and So Little Good* (New York: Penguin, 2006).

5. Muhammad Yunus, *Banker to the Poor* (New York: Public-Affairs, 1999), 145-146.

6. Yunus, *Banker to the Poor*, 203-205.

第22章：貧與富：印度與香港之比

1. 引語出自 William Proctor, *The Templeton Prizes* (New York: Doubleday, 1983), 72.

2. 引語出自 Proctor, *Templeton Prizes*, 72.

3. 關於印度的傑出調查報告，參見 "Unlocking India's Growth," *The*

Economist, June 2, 2001.

4. P. T. Bauer, "The Lesson of Hong Kong," in *Equality, the Third World and Economic Delusion* (London: Weidenfeld and Nicolson, 1981), 185.

5. P. T. Bauer, "The Lesson of Hong Kong," 189.

6. James Gwartney and Robert Lawson, with William Easterly, *Economic Freedom of the World, Annual Report 2006* (Vancouver, B.C.: Fraser Institute, 2006), 13.

7. Milton Friedman, *Friedman on India* (New Delhi: Centre for Civil Society, 2000), 10.

8. 參見John Stossel在他製作的ABC特別報導「美國第一？」（Is America #1？）中所舉的驚人例子，錄影帶可向Laissez Faire Books, 800-326-0996索取。

9. 另一個自由市場派智庫是「自由學會」（Liberty Institute），領導人是非常幹練的Barun Mitra。二○○一年六月我訪問印度，接待我的就是Shah和Mitra兩位。有關該智庫的資料可上網查詢：www.libertyindia.org.

10. Gita Mehta, *Snakes and Ladders: A Modern View of India* (London: Minerva, 1997), 16.

11. Adam Smith, *The Wealth of Nations* (New York: Random House, 1965 [1776]), 11.

第23章：亞洲經濟奇蹟是真的嗎？

1. Lee Kuan Yew, *From Third World to First: The Singapore Story, 1965-2000* (New York: Harper Collins, 2000), 291.

2. 參見世界銀行關於該地區的傑出調查：The World Bank, *The East Asian Miracle* (New York: Oxford University Press, 1993).

3. *East Asian Miracle,* vi.

4. Paul Krugman, "The Myth of Asia's Miracle," *Pop Internationalism* (Cambridge: MIT Press, 1996), 173。該文最初發表於*Foreign Affairs* (Nov./Dec., 1994).

5. Krugman, "Myth of Asia's Miracle," *Pop Internationalism*, 184.

6. Marshall Goldman, *USSR in Crisis: The Failure of an Economic System*

(New York: W.W. Norton, 1983), 2.

7. Lee Kuan Yew, *From Third World to First: The Singapore Story, 1965-2000* (New York: Harper Collins, 2000), 687.

8. Ludwig von Mises, "Capital Supply and American Prosperity," *Planning for Freedom,* 4th ed. (South Holland, Ill.: Libertarian Press, 1980), 214。我極力推薦這篇米塞斯在一九五二年發表的關於經濟發展的演講。

第24章：埃及人怎麼回事？

1. P. T. Bauer and B. S. Yamey, *The Economics of Underdeveloped Countries* (Cambridge: Cambridge University Press, 1957), 157.

2. Claire E. Francy, *Cairo: The Practical Guide,* 10th ed. (Cairo: American University in Cairo Press, 2001), 68。對任何打算移居這個不尋常的國度或去該地求學的人來說，這本指南既令人震驚又不可或缺。我幾乎在每一頁畫下驚嘆號。

3. 進口替代法規是地方政府為了阻止外地消費品，例如鞋、牙膏或汽車，進入該地市場而通過的法律，以致強迫本地公司以高得多的成本（和通常較差的品質）生產這些產品。

4. 引語出自 W. W. Rostow, *Theorists of Economic Growth from David Hume to the Present* (New York: Oxford University Press, 1990), 423.

5. Doug Bandow, "The First World's Misbegotten Economic Legacy to the Third World," in James A. Dorn, Steve H. Hanke, and Alan A. Walters, eds., *The Revolution in Development Economics* (Washington, D.C.: Cato Institute, 1998), 217, 222-223.

6. James Gwartney and Robert Lawson, *Economic Freedom of the World,* Annual Report 2006 (Vancouver, B.C.: Fraser Institute, 2006), 9-10.

第25章：愛爾蘭經濟奇蹟：我們能成長得更快嗎？

1. John Maynard Keynes, "Economic Possibilities for Our Grandchildren," *Essays in Persuasion* (New York: Norton, 1963), 365.

2. Keynes, *Essays in Persuasion,* 365.

3. 引語出自 Jerry J. Jasinowski, ed., *The Rising Tide* (New York: John Wiley

& Sons, 1998), xxi.

4. James Tobin, "Can We Grow Faster?," in *The Rising Tide*, 44.

5. Robert A. Mundell, "A Progrowth Fiscal System," in *The Rising Tide*, 203-204.

6. Keynes, *Essays in Persuasion*, 367.

第26章：邊際稅革命：拉弗曲線風靡全球

1. Stephen Moore, "Reaganomincs 2.0," *Wall Street Journal* (August 31, 2007), A8.

2. 供給面經濟學研究如何由刺激貨品與服務的生產（供給）來影響經濟成長，與凱因斯派經濟學相反，後者著重於控制貨品與服務需求的方法。

3. 累進稅表示收入愈高的人承擔愈高的所得稅率。

4. Bruce Bartlett, "Supply-Side Economics and Austrian Economics," *The Freeman* (April, 1987).

5. John Kenneth Galbraith, *The Affluent Society* (Boston: Houghton Mifflin, 1958), 96.

6. Dan Bawley, *The Subterranean Economy* (New York: McGraw-Hill, 1982), 135.

7. William Baumol and Alan Blinder, *Economics: Principles and Policy,* 4th ed. (New York: Harcourt Brace Jovanovich, 1988), 835.

8. Paul Craig Roberts, *The Supply Side Revolution* (Cambridge: Harvard University Press, 1984), 25.

第27章：經濟不平等之辯：富者愈富，貧者愈…

1. John Kenneth Galbraith, *The Good Society: The Humane Agenda* (Boston: Houghton Mifflin, 1996), 50.

2. "The Rich, the Poor, and the Growing Gap Between Them," *The Economist*, June 15, 2006.

3. 關於勞倫茲曲線的批判，參見我的著作 *Economics on Trial* (Homewood, Ill.: Irwin, 1991), 187-197.

4. Stanley Lebergott, *Pursuing Happiness: American Consumers in the Twentieth Century* (Princeton, N.J.: Princeton University Press, 1993), 58。此處應註明,到了二〇〇〇年,有一半以上的夫妻分擔家務工作。

5. Lebergott, *Pursuing Happiness,* 117-118。亦參見Lebergott另一本著作 *Consumer Expenditures* (Princeton, N.J.: Princeton University Press, 1996).

6. Michael Cox and Richard G. Alm, "Buying Time," *Reason Magazine,* August/September 1998, 42。亦參見他們另一本著作 *Myths of Rich and Poor: Why We're Better Off Than We Think* (New York: Basic Books, 1999).

7. Gregory Clark, *A Farewell to Alms: A Brief Economic History of the World* (Princeton University Press, 2007), 276, 278.

8. Clark, *Farewell to Alm*s, 277.

9. Clark, *Farewell to Alms*, 283-284.

10. Clark, *Farewell to Alms*, 16.

第28章:一張圖說明一切:經濟自由指數的發展

1. Milton Friedman, "*Forward,*" *Economic Freedom of the World, 1975-1995,* by James Gwartney, Robert Lawson, and Walter Block (Vancouver, BC: Fraser Institute, 1996).

2. Adam Smith, *The Wealth of Nations* (New York: Modern Library, 1965 [1776]), 651.

3. Smith, *Wealth of Nations*, 549.

4. Smith, *Wealth of Nations*, 423.

5. Smith, *Wealth of Nations*, 11.

6. Paul A. Samuelson and William D. Nordhaus, *Economics,* 12th ed. (New York: McGraw-Hill, 1985), 776.

7. Mancur Olson, *How Bright Are the Northern Lights?* (Stockholm: Lund University, 1990), 10.

8. Henry C. Wallich, *The Cost of Freedom* (New York: Collier Books, 1960), 9, 146.

9. Olson, *How Bright Are the Northern Lights?*, 88.

10. 參見Michael A. Walker, "The Historical Development of the Economic Freedom Index," in James Gwartney, Robert Lawson, and Walter Block, eds., *Economic Freedom of the World 1975-1995* (Vancouver, BC: Fraser Institute, 1996)。這些會議的早期參與者包括Milton and Rose Friedman, Michael Walker, Lord Peter Bauer, Gary Becker, Douglass C. North, Armen Alchian, Arnold Harberger, Alvin Rabushka, Walter Block, Gordon Tullock, and Sir Alan Walters.

11. James Gwartney and Robert Lawson, *Economic Freedom of the World 2004* (Vancouver: Fraser Institute, 2004), 5.

12. Marc A. Miles, Edwin J. Feulner, and Mary Anastasia O'Grady, *2005 Index of Economic Freedom* (New York and Washington D.C.: *Wall Street Journal* and the Heritage Foundation, 2005), 58. 欲知最新指數，請上網查詢，網址為www.heritage.org.

13. Milton Friedman, "Forward," *Economic Freedom of the World, 1975-1995* (1996).

14. Gwartney and Lawson, *Economic Freedom of North America, 2004 Annual Report*, 4.

15. James Gwartney and Robert Lawson, *Economic Freedom of the World, 2004 Annual Report* (Fraser Institute, 2005), 35.

16. Susan Rose-Ackerman, "The Role of The World Bank in Controlling Corruption," *Law and Policy in International Business* (Fall, 1997).

17. Jakob Svensson，引述於 *The Economist* (December 23, 2006), 126.

18. "The etiquette of bribery," *The Economist* (December 23, 2006), 126.

第29章：宗教自由的好處：經濟學家進入聖地

1. Gary S. Becker and Guity Nashat Becker, *The Economics of Life* (New York: McGraw-Hill, 1997), 16.

2. 另一位是Robert H. Nelson，他著有兩本傑出的書*Reaching for Heaven on Earth: The Theological Meaning of Economics* (Savage, Md.: Rowman & Littlefield, 1991)和*Economics as Religion: From Samuelson to Chicago and Beyond* (University Park: Penn State Press, 2001)，兩本書都把經濟

學當作一種宗教來討論，而非討論宗教經濟學。

3. Adam Smith, *The Wealth of Nations* (New York: Modern Library, 1965 [1776]), 744-748.

4. Lawrence Iannaccone, "The Consequences of Religious Market Structure," *Rationality and Society* (April 1991), 156-177。亦參見 "Adam Smith's Hypothesis on Religion," chapter 10 in Edwin G. West, *Adam Smith and Modern Economics* (Hants, England: Edward Elgar, 1990).

5. Roger Finke and Rodney Stark, *The Churching of America, 1776-1990: Winners and Losers in Our Religious Economy* (New Brunswick, N.J.: Rutgers University Press, 1992), 1.

6. Finke and Stark, *Churching of America*, 32.

7. Finke and Stark, *Churching of America*, 5.

第30章：願世界和平，善意在人間：支持宗教競爭的理由

1. Adam Smith, *The Wealth of Nations* (New York: Modern Library, 1965 [1776)), 745.

2. Leonard Read, *Anything That's Peaceful,* 2nd ed. (New York: Foundation for Economic Education, 1998), 30.

3. Tim Kane, Kim R. Holmes, and Mary Anastasia O'Grady, *2007 Index of Economic Freedom* (Washington, D.C.: Heritage Books, 2007).

4. Henry Hazlitt, *The Foundations of Morality,* 3rd ed. (New York: Foundation for Economic Education, 1998 [1964)), 339.

5. 參見 Milton Friedman, *Capitalism and Freedom* (Chicago: University of Chicago Press, 1962), chapter 1.

6. Charles Montesquieu, *The Spirit of the Laws* (Cambridge: Cambridge University Press, 1989 [1748]), 338.

7. Albert O. Hirschman, *The Passion and the Interests,* 2nd ed. (Princeton: Princeton University Press, 1997), 72。我高度推薦這本優秀的書。關於資本主義的和平本質，更多討論參見我的著作 *The Making of Modern Economics* (New York: M. E. Sharpe, 2001), chapter 1.

8. John Maynard Keynes, *The General Theory of Interest, Money and*

Employment (London: Macmillan, 1936), 374。今天的說法可能是「人對自己最心愛的球隊或最心愛的股票專橫，好過於對他的同胞專橫。」

9. Gerald O'Driscoll, Jr., and Sara J. Fitzgerald, "Trade Promotes Prosperity and Security," Heritage Foundation Backgrounder #1617 (December 18, 2002).

10. Andrew Sullivan, "This Is a Religious War," *New York Times Magazine,* October 7, 2001, 53.

11. Adam Smith, *The Wealth of Nations*, 747-748.

第31章：新耶魯預測模型：歐文·費雪魔咒解除了嗎？

1. Robert Shiller, *Irrational Exuberance,* 2nd ed. (Princeton University Press, 2005), xii.

2. 歐文·費雪的引語出自一九二九年十月十六日紐約時報。

3. Kathryn M. Dominquez, Ray C. Fair, and Matthew D. Shapiro, "Forecasting the Depression: Harvard Versus Yale," *American Economic Review,* September 1988, 605. 三位作者忽視奧地利學派經濟學者路德維希·馮·米塞斯和海耶克，以及穩健貨幣陣營的 E. C. Harwood 及 Benjamin Anderson，這些人確實預見經濟困難。參見我的論文 "Who Predicted the 1929 Crash?" in Jeffrey M. Herbener, ed. *The Meaning of Ludwig von Mises* (New York: Kluwer Publishers, 1993), 247-283.

4. Shiller, *Irrational Exuberance*, xviii.

5. Shiller, *Irrational Exuberance*, 14.

第32章：預測選舉：經濟學家更準！

1. Ludwig von Mises, *Human Action,* 3rd ed. (Chicago: Regnery, 1966), 337-338.

2. Joyce Berg, Forrest Nelson, and Thomas Rietz, "Accuracy and Forecast Standard Error of Prediction Markets," University of Iowa Working Draft, (November 2001), 10.

3. Joyce Berg, Forrest Nelson, and Thomas Rietz, "Prediction Market Accuracy in the Long Run," University of Iowa Working Draft (August

2007), abstract.

4. Berg, Nelson, and Rietz, "Accuracy and Forecast Standard Error of Prediction Markets" (2001), 13.

5. Friedrich A. Hayek, "The Use of Knowledge in Society," *American Economic Review* 35 (1945), 519-530.

第33章：驅動經濟和股票的力量究竟是什麼：消費者支出或企業投資？

1. 更多資訊參見我的著作 *The Making of Modern Economics (*Armon, N.Y.: M. E. Sharpe Publishers, 2001) 第二章。

2. 關於國內支出毛額（GDE），更多資訊參見我的著作 *The Structure of Production* (New York: New York University Press, 1990, 2007)，新版包括一篇新的導言。亦參見我的文章 "What Drives the Economy: Consumer Spending or Saving/investment? Using GDP, Gross Output and Other National Income Statistics to Determine Economic Performance," Backgrounder, 2004, Initiative for Policy Dialogue, http://www-l.gsb. columbia.edu/ipd/j_gdp.html.

3 關於美國商務部經濟分析局如何計算生產總額，請上網查詢，網址為 www.bea.gov，尋找「GDP by Industry」標題，然後點選「interactive tables」。關於 GO、GDE 和 GDP 的差異，參見 *The Structure of Production*（二〇〇七年）導言，xv-xvi 頁。

4 Peter F. Drucker, *Toward the Next Economics and Other Essays* (New York: Harper & Row, 1981), 8.

5 Ludwig von Mises, "Capital Supply and American Prosperity," in *Planning for Freedom,* 4th ed. (Spring Mills, PA: Libertarian Press, 1980), 197.

第34章：黃金：光華再現

1. Roy W. Jastram, *The Golden Constant: The English and American Experience, 1560-1976* (New York: Wiley & Sons, 1977), 132.

2. Mark Mobius, "Asia Needs a Single Currency," *Wall Street Journal,* February 19, 1998, A22.

3. 參見我的著作 *Economics of a Pure Gold Standard* 第三版 (New York: Foundation for Economic Education, 1997), 82。注意在西方世界實施古典金本位制的一八一○至一九三三年之間，世界黃金貨幣存量從未減少。

4. Jeremy J. Siegel, *Stocks for the Long Run,* 3rd ed. (New York: McGraw-Hill, 2002), 195.

5. 關於採礦業天生易波動的本質，進一步討論參見我的著作 *The Structure of Production* (New York: New York University Press, 1990, 2007), 290-294.

6. "The Song of Bernanke," 華爾街日報社論，August 31, 2007, A8.

第35章：大蕭條可能再發生嗎？

1. Milton Friedman, "Why the American Economy is Depression-Proof," *Dollars and Deficits* (Englewood Cliffs, N.J.: Prentice Hall, 1968), 72-96.

2. Benjamin M. Anderson, *Economics and the Public Welfare* (Indianapolis: Liberty Press, 1979 [1949]), and Murray N. Rothbard, *America's Great Depression* (Princeton N.J.: D.Van Nostrand, 1963).

3. Milton Friedman and Anna J. Schwartz, *A Monetary History of the United States, 1867-1960* (Princeton N.J.: Princeton University Press, 1963), 299.

4. Friedman and Schwartz, *Monetary History*, 360-361.

5. Gene Smiley, "Some Austrian Perspectives on Keynesian Fiscal Policy and the Recovery of the Thirties," *Review of Austrian Economics* (1987), 1: 146-179, and Mark Skousen, "The Great Depression," in Peter Boettke, ed., *The Elgar Companion to Austrian Economics* (Cheltenham, UK: Edward Elgar, 1994), 431-439.

6. Robert Higgs, "Regime Uncertainty: Why the Great Depression Lasted So Long and Why Prosperity Resumed After the War," *The Independent Review* (Spring 1997), 1:4, 561-590.

7. Robert Higgs, "Wartime Prosperity? A Reassessment of the U.S. Economy in the 1940s," *Journal of Economic History* 52 (March 1992): 41-60。亦參見 Richard K. Vedder and Lowell Gallaway, "The Great Depression of

1946," *Review of Austrian Economics* 5, no. 2 (1991): 3-31.

8. 希格斯討論大蕭條的文章已全部彙編在一本文集，叫做 *Depression, War, and Cold War: Studies in Political Economy* (Oxford University Press, 2006).

第36章：當今最有影響力的經濟學家？

1. Daniel Yergin and Joseph Stanislaw, *The Commanding Heights: The Battle Between Government and the Marketplace That Is Remaking the Modern World* (New York: Simon & Schuster, 1998), 15.

2. John Maynard Keynes, *The General Theory of Employment, Interest and Money* (London: Macmillan, 1936), 383.

3. 有關海耶克作品的優秀概論，參見 *The Essence* of *Hayek,* ed. Chiaka Nishiyama and Kurt R. Leube (Stanford, Calif.: Hoover Institution, 1984)。海耶克的局部自傳，參見 *Hayek on Hayek* (Chicago: University of Chicago Press, 1994)。海耶克的完整學術傳記，參見 Alan Ebenstein, *Friedrich Hayek, A Biography* (New York: St. Martins Press, 2001)。

4. Peter F. Drucker, "Modern Prophet: Schumpeter or Keynes?" in *The Frontiers of Management* (New York: Harper & Row, 1986), 104.

5. Yergin and Stanislaw, *Commanding Heights,* 141。亦參見我的著作 *Vienna and Chicago, Friends or Foes?* (Washington, D.C.: Capital Press, 2005).

第37章：二十一世紀經濟學

1. Marquis de Condorcet, "The Future Progress of the Human Mind," *The Portable Enlightenment Reader,* ed. Isaac Kramnick (Penguin Books, 1995), 38。這本傑出的選集收錄了好幾篇康多賽的文章。

2. Paul Johnson, *Modern Times: The World .from the Twenties to the Nineties,* rev. ed. (New York: Harper, 1992)。調查共產主義恐怖暴行最好的一本書是 *The Black Book of Communism: Crimes, Terror, Repression* (Cambridge, Mass.: Harvard University Press, 1999)，該書為六位法國學者合著，其中幾位是前共產黨員。

3. Frederic Bastiat, *Selected Essays on Political Economy* (Irvington-on-Hudson, N.Y.: Foundation for Economic Education, 1995 [1964]).

4. Stanley Liebergott, *Pursuing Happiness: American Consumers in the Twentieth Century* (Princeton University Press, 1993)，扉頁。

5. Peter F. Drucker, *Toward the Next Economics, and Other Essays* (New York: Harper & Row, 1981), 1-21.

國家圖書館出版品預行編目資料

下屆總統誰當選？經濟學家說了算！：走出教室，
用經濟觀點解讀37個熱門議題，活化你的經濟應用
力／Mark Skousen著；朱道凱譯. -- 一版. -- 臺北
市：臉譜，城邦文化出版；家庭傳媒城邦分公司發
行, 2011.07
面；　公分. --（企畫叢書：FP2223）
譯自：Econopower: How a New Generation of
　　　　Economists is Transforming our World

ISBN 978-986-120-926-5（平裝）

1.經濟學　2.經濟哲學　3.經濟學家

550　　　　　　　　　　　　　　　100012463